AF390433

Flore,
Nicolas,
Gabin,
Marceau,
Tess,
Et toi.
J'ai écrit ce livre en pensant à vous
Qui êtes dans mon cœur,
Pourtant je ne vous connais pas de défauts.
Ceux des enfants sont transparents.
Vous auriez bien sur préféré,
Que ce fut une bande dessinée.

À Jean Georges H.

LES QUALITÉS DE VOS DÉFAUTS

Et de leurs conséquences

« J'avais des défauts terribles… et toi des qualités insupportables ! » (André Birabeau).

Cet ouvrage rédigé comme un abécédaire, présente 444 défauts, sous deux angles de vue :

Impertinent : description de ce défaut dans votre vie, écrit en caractères classiques.

Positif : les qualités et avantages qu'ils vous apportent, **écrit en caractères gras**

Qu'en dit l'Académie : Larousse définit un défaut comme « une imperfection », tout va bien puisque la définition de ce mot inclut déjà la perfection.

Quels que soient vos défauts et autres travers, il importe qu'ils ne vous gâchent pas la vie. Libre à vous d'en atténuer certains et d'en conserver d'autres. Ce livre vous proposera, dans les deux cas, de les vivre mieux en prenant conscience de leur côté positif et de leurs avantages.

Être heureux c'est gratuit : vous n'avez même pas besoin de porter des lunettes roses pour le devenir, c'est juste une question de choix. Être malheureux ne sert à rien ni à personne. (Pour être vraiment honnête… c'est gratuit aussi !)

Vive l'optimisme, qui présente les choses dans un paquet cadeau, valorise ce qui est agréables et minimise ce qui l'est moins. Chaque chose de votre vie à l'importance que vous acceptez de lui accorder !

« Connais-toi toi-même », Socrate a fait de cette phrase son apophtegme (les cruciverbistes disposant seulement de six lettres écriront slogan). Vous percevez peut-être sa réflexion comme étant perceptiblement autoritaire. Sans doute n'avait-il pas prévu qu'elle se glisserait, répétée à l'infini, dans les manuels scolaires et les thèses de philo.

Vous pensez en ce moment « si on est normal cela ne sert à rien de se regarder avec une loupe pour, étudier ses défauts ». Restons sereins : mieux vaut un vrai défaut assumé (donc label rouge ou bio) qu'un faux avec additifs et conservateurs de synthèse.

Ce que vous ne voulez pas est aussi important que ce que vous désirez.

Vous trouverez page 6 la liste de 444 défauts.

LISTE DE 44 DÉFAUTS

Abandonneur
Abrupt
Abruti
Absolutiste
Académique
Acariâtre
Accro
Accusateur
Accusé
Acerbe
Affabulateur
Affligeant
Affreux
Agaçant
Agité
Agressif
Aguicheur
Aigri
Alcoolique
Allumé
Amateur
Ambitieux
Amorphe
Angoissé
Anti
Anticonformiste
Antipathique
Anxieux
Apathique
Arbitraire
Arriviste
Arrogant
Artificiel
Assassin
Assisté

Associable
Austère
Auto- Centré
Autodidacte
Autoritaire
Autosatisfait
Avare
Avide
Bagarreur
Banal
Baratineur
Barjo
Baroudeur
Batailleur
Bateleur
Battu
Bavard
Bellâtre
Belliqueux
Béotien
Bileux
Binaire
Bipolaire
Bizarre
Blagueur
Blasé
Blessant
Bordélique
Borné
Boudeur
Bougon
Boulimique
Boutonneux
Bravache
Bricoleur

Briscard
Brouillon
Brusque
Brutal
Bruyant
Buté
Cabochard
Cabot
Cachotier
Calculateur
Calomnieux
Cancanier
Cancre
Candide
Capricieux
Caractériel
Carriériste
Casanier
Cassant
Casse-cou
Casse-pieds
Castrateur
Catastrophiste
Caustique
Cavaleur
Censeur
Chantez faux
Chatouilleux
Chauffard
Chauve
Chauvin
Chichiteux
Claustrophobe
Cocu
Coléreux

Comédien
Commun
Complexé
Compliqué
Condamné
Condescendant
Conflictuel
Conformiste
Confus
Conspirateur
Contestataire
Contrariant
Conventionnel
Convenu
Coquet
Cossard
Couard
Couche tard
Couche tôt
Crédule
Critique
Cruel
Cupide
Curieux
Cynique
Dangereux
De mauvaise
Débauché
Décevant
Débile
Débonnaire
Débordé
Décevant
Décourage
Défaitiste

Demeure	Elitiste	Flagorneur	Hypersensible
Démodé	Embêtant	Flatteur	Hypocondriaque
Dépendant	Emotif	Flemmard	Hypocrite
Dépensier	Emphatique	Fou	Iconoclaste
Déprave	Emporté	Foutraque	Ignare
Déprimant	Emprisonne	Frileux	Imbu
Déprimé	Emprunté	Frivole	Immature
Désabusé	Enfantin	Froid	Impatient
Désargente	Enigmatique	Frondeur	Impertinent
Désaxé	Entêté	Fumiste	Impétueux
Désinvolte	Envahissant	Futile	Impossible
Désobéissant	Envieux	Fuyant	Impressionnable
Désordonne	Epave	Gaffeur	Imprévisible
Désorganisé	Etourdi	Galères	Improductif
Dévergondé	Exalté	Gaspilleur	Imprévoyant
Diabolique	Exaspérant	Géant	Imprudent
Didactique	Excentrique	Glacial	Impuissant
Dilettante	Excessif	Gnangnan	Impulsif
Dingue	Exigeant	Goinfre	Inaccessible
Dissimulé	Exténué	Gouailleur	Inattentif
Distant	Extraverti	Goujat	Incapable
Distrait	Extrémiste	Goulu	Incompétent
Dithyrambique	Fâcheux	Gourmand	Inconstant
Dogmatique	Faible	Grincheux	Inculte
Dominateur	Fainéant	Grivois	Indécis
Dragueur	Faiseur	Gros	Indélicat
Dramatiseur	Familier	Grossier	Indifférent
Drastique	Fantasque	Guindé	Indiscret
Drogué	Farfelu	Hâbleur	Individualiste
Dyslexique	Fasciste	Harceleur	Indolent
Ecervelé	Fataliste	Hautain	Inefficace
Echangiste	Fauché	Hermétique	Inexpressif
Econome	Fêlé	Hésitant	Infidèle
Egocentrique	Féroce	Humiliant	Inflexible
Egoïste	Fier	Hyperactif	Influençable

Inhumain
Injoignable
Injurieux
Injuste
Insatiable
Insatisfait
Insensé
Insignifiant
Insouciant
Instable
Insupportable
Intello
Intéressé
Intolérant
Intransigeant
Intrépide
Intrigant
Introverti
Invivable
Irascible
Ironique
Irréaliste
Irréfléchi
Irrespectue.
Irresponsable
Irrévérenci.
Irritable
Ivrogne
Jaloux
Joueur
Jouisseur
Jusqu'au-
boutiste
Justiciable
Lâche
Laid

Lent
Libertin
Licencié
Loufoque
Lunatique
Machiavélique
Macho
Magouilleur
Mal à l'aise
Mal élevé
Malade
Malchanceux
Malheureux
Malhonnête
Malodorant
Malotru
Malsain
Malveillant
Maniaque
Maniéré
Manipulateur
M'as-tu-vu
Matérialiste
Mauvais
perdant
Médiocre
Médisant
Méfiant
Mégalomane
Menteur
Mesquin
Métromane
Méticuleux
Mielleux
Mièvre
Minable

Misanthrope
Misogyne
Moqueur
Muet
Mystérieux
Mythomane
Naïf
Narcissique
Navrant
Négatif
Nerveux
Obèse
Obnubilé
Obsédé
Obséquieux
Obtus
Oisif
Olybrius
Orgueilleux
Oublieux
Outrancier
Overbooké
Papa poule
Paranoïaque
Paresseux
Pas confianc
Passéiste
Pédant
Perfectionn.
Pessimiste
Petit
Peureux
Phobique
Pince sans.
Pingre

Plaintif
Planté
Pointilleux
Polluant
Polygame
Prétentieux
Procrastinateur
Pudibond
Pusillanime
Rabat joie
Raciste
Rancunier
Regretteur
Revanchard
Revêche
Ronchon
Ronfleur
Rouspéteur
Ruiné
Sadique
Sans gène
Séducteur
Sensible
Seul
Sexiste
Sinistre
Snob
Soporifique
Soupçonneux
Soupe au lait
Sournois
Suffisant
Superficiel
Superstitieux
Susceptible

Taciturne
Tape à l'œil
Taupe
Tête de bois
Timide
Tourmenté
Traitre
Tricheur
Ultrasensible
Utopiste
Vaniteux
Vantard
Velléitaire
Ventripotent
Versatile
Victime
Vieux jeu
Vif Argent
Vilain
Violent
Viré
Volage
Vulgaire
Zinzin !

LES QUALITÉS DE VOS DÉFAUTS

Vous êtes un ABANDONNEUR

Que ce soient vos projets : privés, affectifs, ou professionnels, vous renoncez, capitulez et tournez casaque devant le premier obstacle, ne terminant jamais ce que vous avez commencé. L'idée de prendre une décision vous insupporte comme les larmes qui flottent sur les cils de vos conquêtes à la recherche d'un avenir prévisible et soudainement remerciées… de bien vouloir le projeter ailleurs.

Préférant imaginer que réaliser vous gagnez un temps fou. Votre courage de rebondir et d'innover est reconnu. On interprète vos abandons comme une aptitude à démarrer de nouveaux projets et on vous félicite de votre esprit d'entreprise, alors que dans la réalité vous avez seulement laissé tomber.

Par son absence de dénouement., une action qui n'est pas achevée ne pourra jamais être considérée comme un échec total. Votre aptitude à baisser les bras vous dispense de la contrainte des barres parallèles, des clubs de cerf volants et plus généralement de tout effort continu.

Vous êtes ABRUPT

Bourru et revêche, vous avez la rudesse d'une falaise et l'austérité du granit. Votre comportement est sauvage et brutal. Vous dites les choses telles que vous les ressentez, sans ponctuation, l'idée de faire autrement ne vous étant jamais venue à l'esprit.

Ennemi des déceptions et cherchant à vous en protéger, vous braquez vos proches par une attitude brusque et directe, ne réalisant pas toujours l'effet blessant de votre caractère.

Entier, courageux, solide et vrai, figure de proue en bois massif, vous faites face au danger, comme personne. Protégé, par inattention aux détails, des contrariétés qui se présentent, vous ignorez la peur et ses nombreuses cousines. Vos certitudes vous consolent de tout.

Vous êtes ABRUTI

Comment le savez-vous ? qui vous l'a dit ? si vous avez la désolante impression de l'être : oubliez cette idée, ce sont là des sornettes. Par définition les vrais abrutis® ne s'en rendent pas compte. Il s'agit probablement d'une overdose de contraintes ou alors peut être êtes-vous tombé de la table à langer quand vous étiez petit. Qui pourrait vous le reprocher ?

Profitant de cet état d'esprit (celui des autres) vous vivez agréablement dispensé des taches compliquées, gagnant la vraie liberté de pouvoir faire ce qui vous plait ou même rien « Les abrutis ont des certitudes, les autres ont des doutes ». (G. Pierre). Votre différence vous permet de percevoir des nuances que les personnes énervées ne peuvent pas connaître.

Vous êtes ABSOLUTISE

Autocrate, despotique et dictatorial, vous considérez être le seul homme digne (et capable) de détenir le pouvoir. Avec vous c'est tout ou rien. Déterminé dans vos jugements, vous n'envisagez, ni les concessions ni les demi-mesures. Vos décisions totalitaires comme celles des rois, vos parents par alliance, créent coups d'états et révolutions.

Convaincu de votre supériorité vous avez confiance en vous et la chance d'ignorer ce qu'est le doute. Ayant même la possibilité les jours d'euphorie de laisser aux autres le choix des sous-détails en vous réservant de décider seul de ce qui est important.

Donald Trump absolutiste confirmé c'est auto-sacré d'une couronne de cheveux dorés. « L'absolu exerce sur les hommes un pouvoir de fascination ». (Charles Morgan).

Vous êtes ACADÉMIQUE

Appliqué, classique, prévisible et guindé, vous avancez sur la pointe des pieds, ne vous écartant jamais des règles et des usages admis. Appliquant à la lettre ce qui vous a été inculqué, vous pensez mettre toutes les chances de votre côté pour réussir votre vie avec le sérieux barbant d'une élégance conventionnelle.

Vous êtes fiable et crédible en accord avec les valeurs classées dans votre tête par ordre alphabétique. Savourant le plaisir d'une conscience satisfaite de bon élève, vous dormez chaque soir comme un bucheron, certain d'avoir fait ce qu'il faut, comme il le fallait.

Vous n'êtes pas seul dans votre combat pour maintenir les valeurs : chaque académicien reçoit une épée pour défendre, comme vous, la tradition et ses idées.

Vous êtes ACARIÂTRE

Hargneux, grincheux, irritable, timide et maladroit d'une humeur difficile à supporter pour vous… et pour les autres. L'insouciance et la joie de vivre déçues par une telle ambiance, ont pris la poudre d'escampette.

Vous partagez ce défaut avec « Saint Acaire » évêque de Noyon. Ce trait de caractère ne l'a toutefois pas empêché d'être canonisé en 670, (mais vous le saviez bien sûr !).

(Les Dictionnaires friands de racines et de néologismes se sont appliqués à ternir son nom (pourtant sacré par le Vatican) en le déshonorant pour les siècles à venir.).

Vous êtes sincère et respecté pour votre rigueur, avec en plus une sorte de pouvoir : lorsque vous êtes presque aimable, ou affichez un quart de sourire… Tout le monde le remarque, s'en émeut et cela compte double ! L'acteur culte Jean Pierre Baccri interprète ce rôle à la perfection.

Vous êtes ACCRO

Avec la persévérance d'une dentelière, vous avez tricoté l'habitude d'être, captivé par : les sirènes en coquillage, le jogging piaffant, le tissage culturel des tartans écossais, les dents impeccables de la philatélie, la préparation d'herbes interdites ou de purée en sachet… Habitué à ce que cela tienne une place prépondérante dans votre vie, vous en êtes devenu dépendant.

Connaissant certains sujets à fond, vous êtes un pro dans le domaine qui vous passionne, méritant dans une société moins ingrate, d'être rémunéré par la justice pour la qualité incontestable de votre expertise.

Avant de grimper sur le podium, Olympique, chaque champion a commencé par être accro dans une discipline et d'y récolter des médailles. Vos qualités de persévérance sont reconnues et vous rendent admirable.

Vous êtes ACCUSATEUR

Vous montrez d'un doigt dénonciateur les fautes que font les autres, estimant que c'est votre devoir. Vos héros sont Zola-Emile et Antoine Fouquier-Tinville. Pourtant vous savez que pour eux, cela ne s'est pas très bien terminé : le premier a été discrètement étouffé par sa cheminée. L'entêtement, la violence et la guillotine se sont associés pour priver le second de sa tête.

Redresseur de torts, délégué moral autoproclamé, votre autorité naturelle vous investit comme le porte-parole des timides, des insatisfaits, des traîtres... Pourtant vous ne faites que dire du mal des autres, mais, cela vous va bien.

Vous exercez à titre bénévole et gracieux (tout en ne l'étant pas), la fonction d'Avocat Général, respectée sans conteste par les rouages de la société.

Vous êtes ACCUSÉ

Souvent attaqué, dénigré, incriminé et même calomnié, c'est parce que d'une façon ou d'une autre vous les dérangez, que les gens vous accusent. Maintenant c'est devenu un peu plus grave puisque la justice a cru bon de s'en mêler.

Garde du corps officiel et gratuit, la maréchaussée, vous accompagne et s'adapte à vos pas. Des sommités juridiques boivent vos paroles, s'intéressent aux paliers de votre enfance et dissèquent votre personnalité en prenant d'interminables notes. Les journalistes se précipitent pour vous interviewer...

Si Henri Désiré Landru n'avait pas été accusé, qui parlerait encore de lui ? Vous aussi êtes un homme célèbre. Bravo, après avoir été reconnu, le véritable intérêt que vous suscitez a fait de vous une personne célèbre.

Vous êtes ACERBE

Hargneux et de mauvaise foi, vous avez toujours un mot pointu sur le bout de la langue, bousculé par une réflexion désagréable ou blessante. Agressif et mordant, prêt à piquer, vous épicez votre comportement de vinaigre, d'huile sur le feu et de méchanceté. On dirait que vous avez emprunté aux oursins leurs piquants et aux scorpions leur mentalité.

Jamais on ne vous contacte pour bavarder. Ne recevant que des appels ciblés, vous gagnez un temps fou. Dispensé de la banalité sucrée et envahissante des confidences, au profit de l'essentiel, vous vous sentez libre, droit, juste, respecté et même courageux les soirs de pleine lune ou l'esprit se volatilise.

Christine Angot a bâti sa communication sur ce défaut qui lui vaut une notoriété certaine.

Vous êtes AFFABULATEUR

Producteur de votre vie, vos scénarii souvent improbables, font des arrangements avec la réalité.

Vous dressez vos récits comme des pièces montées. Il est difficile de vous arrêter dans des discours qui s'envolent à tire d'ailes, sur les plumes de votre imagination. Que vous soyez crédible ou pas, peu importe puisque, vous finissez par être persuadé de la véracité de ce que vous avez dit.

Vous êtes créatif et distrayant en donnant de l'ampleur aux faits dans une mise en scène que vous dirigez. Dans vos récits les évènements sont majorés de 50 % comme une TVA sur la création artistique. Vous avez le don de réinventer la réalité. On est impressionné par la diversité de votre imagination.

Les célèbres faux roi d'Albanie et Christophe Rocancourt ont dû leur célébrité et leur fortune à ce défaut artistique rémunérateur.

Vous êtes AFFLIGEANT

Pessimiste certifié, consternant, déprimant et funeste, vous attirez chagrins, douleurs et déceptions, comme si le mauvais sort vous avait pris en affection. Rabat joie officiel, vous savez d'un regard ou d'un mot crever le ballon qui transporte avec une joyeuse insouciance, les rêves des personnes.

Tout évènement positif que l'on évoque en votre présence est aussitôt démonté et recyclé en mauvaise nouvelle. Adepte de Pierre Soulages, vous customisez les tonalités joyeuses en noir.

Vos proches ont l'impression que vous êtes un paratonnerre à soucis et vous sont reconnaissants, en attirant ceux-ci, de les épargner. Ils ont, en vous quittant une impression grisante de légèreté. Vous êtes intéressant puisque l'on parle de vous et que l'on vous plaint. « Heureux les affligés » (La Bible).

Donc bravo aux affligeants comme vous, créateurs et donc généreux responsables du bonheur des autres.

Vous êtes AFFREUX

Disgracieux, déplaisant et laid, en version accentuée, un vilain masque vous a été attribué à la fête de la vie. Il y même des personnes qui se retournent sur votre passage (comme sur celui des canons de beauté d'ailleurs !).

Consolez-vous : affreux c'est plus intéressant que banal, (chacune des Gargouille de Notre Dame de Paris est considérée comme un inestimable trésor). Vous savez attirez l'attention. Il y a sans doute des personnes encore moins gâtées physiquement ou handicapées qui aimeraient vous ressembler.

On ne vous emprunte ni vos traits, ni vos expressions mais on peut envier votre façon de vous accepter et admirer votre art d'exister.

Vous êtes AGAÇANT

Exaspérant, insupportable et pénible, vous avez la réaction malencontreuse, l'allusion horripilante et le commentaire déplacé. Vous irritez les gens avec l'acidité d'une goutte d'alcool sur une coupure, le cliquètement des clés tombant la nuit, dans la cage de l'ascenseur...

Les importuns craignant votre caractère, vous évitent. En cherchant à ne pas vous contrarier, on vous ménage et d'une certaine façon on vous respecte. Provoquer vous enchante et conforte votre impression d'exister. A quatre-vingt-dix-neuf pour cent excéder vous convient. Vous ressentez à travers l'exaspération que vous provoquez, une certaine liberté d'expression et de plaisir qui vous distraient comme un dessin animé.

Vous êtes AGITÉ

Hyperactif effervescent, balancier aléatoire perpétuellement en mouvement, vous bougez, sautillez, courez. Vos doigts pianotent, vos jambes trépignent... vous menez la vie « restless » d'une aiguille de trotteuse. Grâce à une installation adaptée, vous pourriez fournir votre propre électricité.

Si votre agitation passe inaperçue dans les : gares, aéroports... par-contre au cours de réunions professionnelles, votre nervosité inquiète vos supérieurs, sur le bon état de marche et l'étanchéité de vos neurones.

Vous apparaissez comme dynamique donc entreprenant, motivé et courageux. Chanceux vous perdez tous les jours des centaines de calories sans avoir à fréquenter les salles de sport transpirantes à odeurs de baskets. Louis de Funès calme n'aurait pas été cet acteur culte aux 140 films.

Vous êtes AGRESSIF

Querelleur, provoquant et belliqueux, vous distribuez les coups de griffe et les agressions comme d'autres les prospectus. On peut tout d'abord en rire, prenant votre agressivité pour une farce, de l'humour inversé.

Vivant en permanence sur le marchepied du qui-vive, la réalité qui vous suit, arrive rapidement en taxi avec sa valise de désenchantements pour rétablir la situation.

Fort et courageux, vous défendez vos valeurs avec passion. Grâce à vous, vos proches progressent dans la patience, l'indulgence et le pardon... vertus appréciées par le ciel ou ultérieurement, une place de V.I.P. sur la scène du paradis leur sera réservée ! Pour éviter votre courroux, on ne remet jamais votre avis en question.

Vous êtes AGUICHEUR

Séducteur persuasif et flatteur, plaire fait partie de votre vie. Utilisant le regard des autres, comme un rétroviseur, afin de doser vos effets, vous dites facilement des choses banales et banalement des choses faciles. Attendant un résultat rapide, vous y ajoutez, ce qui vous semble imparable : sourires, frôlements, et respiration saccadée.

Vous vous sentez séduisant et chanceux d'avoir un tel pouvoir. Quel que soit le résultat de vos entreprises, les personnes à qui vous vous intéressez se sentent jolies et

désirables. Vous garderez pour l'éternité une place de choix dans le tiroir rougissant de leurs souvenirs.

VOUS ETES AIGRI

Vous sentant défavorisé par le sort, désappointé par ce qu'il vous a réservé, vous êtes devenu amer. Irritable d'avoir été agacé et déçu, vous vous exprimez à travers un chapelet de réflexions désenchantées. Vous acidifiez vos paroles de réflexions amères, partageant des points communs avec le citron, lorsqu'il est comme vous immature.

Vous sollicitez rarement les muscles de vos joues affectés au sourire, par-contre les rides de la contrariété hiéroglyphent votre front.

Votre mémoire infaillible vous remémore en boucle les échecs et déceptions qui leur ont emboité le pas, exercice recommandé par la médecine pour la maintenance et la mise à jour du cerveau.

Résigné, vous ne pourrez qu'être agréablement surpris par les moments heureux que vous offrira obligatoirement la vie.

Vous êtes ALCOOLIQUE

Dipsomaniaque diront les uns, boit-sans soif diront les autres, peu importe. Ami du raisin et de ses déclinaisons embouteillées, vous aimez séjourner dans l'atmosphère des caves à l'odeur couventine. Au questionnaire de… si vous étiez un arbre ? vous avez choisi le pécher de vigne aux joues rubicondes qui se balance, dans le bordelais, entre deux rangées de Merlot.

Chez Nicolas, votre carte de fidélité platine vous réserve un accueil chaleureux. Vous êtes un client attachant : que le beaujolais soit nouveau ou pas, vous repartez avec. Chaque gorgée est pour vous un plaisir accessible immédiat. Tant que l'alcool ne vous tuera pas, vous serez un très bon vivant.

Vous êtes ALLUMÉ

Collectionneur éclairé d'ampoules et de chandelles on vous trouve au rayon bricolage des idées farfelues. Les gens sont drôles, ils critiquent la nouveauté tout en profitant de ce que de courageux inventeurs ont mis au point pour eux, au détriment de leur vie privée et de leur fortune.

Inventer est une chose, déposer un brevet, en est une autre. Les grandes sociétés se sont empressées grâce à un service juridique pointu d'en ramasser les bénéfices avec un râteau de casino et les compliments de la bourse.

Inventif et créatif, vous n'êtes jamais éteint. Vous démarrez sans disjoncteur et avec enthousiasme des projets hétéroclites. Grâce à votre imagination et votre art de l'innovation, non seulement vous ignorez l'ennui, mais votre vie est passionnante.

Vous êtes un AMATEUR

Nous évoquons ici celui qui survole les choses en s'amusant avec un léger manque de sérieux, et surtout qui revendique une compétence dont il profite pour se soustraire à ses obligations familiales, amicales ou professionnelles.

Evitez de parler de votre intérêt pour la moutarde, les oiseaux empaillés ou les tubes vides, tout le monde vous en offrira, encombrant votre liberté de choses que vous n'avez pas voulues.

Collectionneur, adepte, dilettante, aficionado… vous avez la curiosité de découvrir et la chance de savoir vous distraire avec plus de joies que de contraintes. Dites-vous qu'amateur c'est le terme péjoratif qu'emploient les jaloux devant votre talent.

« Dans amateur il y a aimer » (Isabelle Huppert.)

Vous êtes AMBITIEUX

Amphigourique attiré par la réussite, ses corollaires et leurs conséquences, vous drapez votre existence d'objectifs ascensoriels. Dans l'escalade de votre vie professionnelle, vous grimpez d'autant plus haut que vos collègues redescendent. Vous avez joué de façon désinvolte, à saute-mouton avec vos collaborateurs décontenancés, déçus, blessés, jaloux ou furieux… mais cela vous importe peu.

Vous faites partie du clan des élus : il est évident que les ambitieux arrivent vers les sommets plus vite et mieux que les autres. Vous avez toutes les cartes de visite en main pour réussir.

Envisageant votre avenir, vous songez que Bonaparte lui-même n'avait pas prévu d'être enterré aux invalides… et donc que tout avenir glorieux vous est accessible

Vous êtes AMORPHE

Comme chacun sait, le « a » est privatif, quant à morphe : c'est comme vous, ça ne dit pas grand-chose aux gens. Sans énergie et mou, vous vivez avec la lenteur d'un fleuve d'été. Végétatif, vous ressemblez à une plante verte que l'on croirait plastifiée tant son développement est imperceptible. Ce qui vous a toujours manqué sans doute c'est une vraie motivation.

Le verre lui aussi est considéré par les scientifiques comme un matériau « amorphe » ... mais que ferions-nous sans lui ? (Les chimistes sont parfois trop moléculaires).

Prenant votre temps pour vivre, vous évitez les erreurs et les dangers dus à la précipitation, savourant le confort douillet de l'inaction tranquille et la satisfaction de ne prendre aucun risque.

Vous êtes ANGOISSÉ

Craintif, apeuré, inquiet, vous avez un petit peu, grandement peur de tout et là où le cercle se visse c'est que… vous avez surtout peur d'avoir peur. Votre imagination vous propose 24 heures sur 24 les sujets d'inquiétude les plus variés et sans cesse renouvelés.

Il est curieux de voir que des êtres humains éprouvent un même degré d'anxiété dans des situations très différentes comme recevoir un résultat d'analyses médicales négativement positif ou arriver en retard aux soldes d'Hermès.

Un bienheureux hasard remplace souvent les choses que l'on redoute par des choses plus agréables que l'on n'attendait pas. Entre deux angoisses qui vous tiennent compagnie, vous appréciez la vie mieux que quiconque en atteignant des sommets de bien-être et de réconfort. « Je suis tellement angoissé que, quand le pire arrive, j'en suis presque soulagé » (Jean Chalon).

Vous êtes ANTI

Paradoxe ambulant : vous êtes contre tout : le noir le blanc, les pièces jaunes, la chasse, les contes de fées, l'homéopathie, le gruyère et même le chiasme, là, c'est plus compliqué, car cette notion est peu compréhensible mais, ... de toutes façons vous serez contre.

Anti, vous êtes pour vous en expliquer, devenu un pro de ce qui est contraire. Prenant automatiquement le contre-pied de la conversation, instantanément, la flamme de celle-ci, grâce à vous se ranime. On vous écoute, on vous regarde, on se souvient de vous, on vous prend au sérieux, on tente de vous convaincre, votre avis intéresse.

Vous êtes ANTICONFORMISTE

Contestataire en version originale, il est clair que les usages vous ennuient et que vous n'en comprenez pas le mode d'emploi. On vous trouve là où on ne vous attendait pas : vous portez une tenue voyante pour un enterrement et un costume noir sur la plage...

« Celui qui veut être un homme doit être anticonformiste » (Ralph Waldo Emerson), étoffons le précepte de cet écrivain trop peu connu, par l'exemple d'Einstein anticonformiste nobélisé.

Votre mode de vie créatif et varié vous libère des contraintes. Votre façon de vivre avec des plans B, b, ß... », apporte un éclairage nouveau aux habitudes. Etant différent des autres vous contribuez à enrichir la diversité intellectuelle et culturelle générale.

Vous êtes ANTIPATHIQUE

Lorsque vous arrivez, l'atmosphère joyeuse s'absente sans explications, les sourires s'éteignent, les conversations s'éclipsent. Vous attirez l'hostilité, qui vous accompagne comme un parapluie. Le cercle devient presque carré, vous vous refermez... l'ambiance fait des grumeaux. L'affaire est réglée vous n'avez plus qu'à vous en aller : personne ne vous retiendra.

"Antipathie. Sentiment inspiré par l'ami d'un ami." (Irmgard Keun).

Dispensé de donner votre avis vous n'êtes pas seul, à partager ce défaut, déjà connu du temps des grecs. « Anti », vous connaissez et pathos c'est la passion, (comme d'habitude le sens s'est oxydé avec le temps).

Ne recherchant pas la facilité, vous êtes maladroitement intéressant. Sous un air revêche, vous avez la générosité de mettre les autres en valeur. On vous en sait gré … en tout cas on le devrait.

Vous êtes ANXIEUX

Rien que d'entendre ce mot, votre pouls s'accélère et votre front pâlit. Perpétuellement inquiet vous avez peur : de tout, du passé, que vous auriez voulu différent, de l'avenir cet inconnu tapissé de malchance…

Vivant en permanence sur le qui-vive, un bruit, une sonnerie, un cri, et… votre imagination à l'affut, vous propose déjà un dénouement dramatique. Vous emportez toujours vos soucis avec vous : au travail, chez des amis… à la piscine, en vacances.

« Toute angoisse est imaginaire ; le réel est son antidote » (André Comte Sponville). L'anxiété est un composant de l'imagination, l'un des paramètres de l'intelligence. Vous avez compris que c'est positif et que cela permet d'avancer.

« Je suis anxieux, assez dépressif et obsessionnel, mais je suis apte à l'étonnement ». (Fabrice Lucchini).

Vous êtes APATHIQUE

Atonique, flegmatique, mou, indolent, version lymphatique, vous êtes mieux perçu qu'une personne antipathique (avec en plus... trois lettres en moins).

Votre indifférente passivité découragerait un wagon de bénévoles, se rendant à un symposium de bonnes intentions.

Ne prenant pas de risques vous observez lentement les catastrophes qui arrivent aux autres. Les bavards pourtant peu exigeants dès qu'ils rencontrent deux oreilles se sentent démotivés par votre silence et perdent le fil de leur discours rasoir.

Indifférent à l'émotion vous vivez en philosophe, restant imperturbable quand tout le monde s'affole. Vous profitez placidement du calme et de ses joies.

« Le succès appartient aux apathiques." (Gustave Flaubert).

Vous êtes ARBITRAIRE

Arbitre perché sur la chaise haute de vos impressions, vous jugez et décidez sans nuances, dans une volée d'aprioris. Capricieux, vous donnez avec aplomb un avis péremptoire sur des choses que vous connaissez plus ou moins bien, ou même pas du tout.

A vous entendre il n'y a pas eu de bon film depuis quinze ans, les prix Goncourt sont décidés à l'avance, le vaccin antigrippe rend sourd, tricoter peut rend aveugle... (bien sûr... si on se plante l'aiguille dans l'œil !). Etonnamment vous penchez souvent du côté négatif

Vous êtes une personne engagée. Votre avis tranché fait avancer les choses. Sûr de vous et de la qualité de votre jugement, vous ignorez les affres du doute. Vous n'êtes pas seul dans votre situation : « L'histoire est arbitraire » d'après Anatole France.

Vous êtes ARRIVISTE

"L'arriviste est celui qui s'engage derrière vous dans une porte tambour et trouve le moyen de sortir le premier ".Ambitieux, carriériste, dénué de scrupules, vos actions sont centrées sur votre seule réussite. Disponible en permanence, pour faire avancer vos projets, vous mettez toutes les chances de votre côté.

En route vers le succès, vous avez mis au point une stratégie gagnant/gagnant, exerçant les fonctions de coach et de stratège ... au service de votre ascension vers la gloire.

Attentif à tout ce qui vous est utile, on peut vous faire confiance pour tirer le maximum de chaque opportunité. Vous possédez tous les composants de la réussite : énergie et volonté... pour que la chance vous emboite le pas. « Qu'est-ce qu'un arriviste ? un futur arrivé » (Jules Renard).

Vous êtes ARROGANT

Par ordre alphabétique : agressif, dédaigneux, hautain, méprisant, suffisant... vous revendiquez une supériorité certaine, acquise de droit divin. Que vous est-il arrivé pour que vous ayez besoin de vous jucher sur de si grands chevaux ? Vous cherchez à démontrer aux gens qu'ils ne sont pas intéressants et que vous êtes remarquable, ils l'ont compris depuis longtemps et sachez que si certains s'en vexent, d'autres s'en moquent.

Il y a dans votre attitude hautaine et intransigeante, une sorte d'honneur, d'exigence, d'insolence, de fierté et d'aplomb qui bien dosées frôleraient l'élégance. Votre courage est évident. "L'arrogance est le défaut des bons chefs." (Ken Follett).

Vous êtes ARTIFICIEL

Aimant ce qui est factice, vous avez les talents d'un artificier pour envelopper ce que vous faites dans un emballage et un halo brillant. Apparaissant comme léger, peu capable de réflexion, vous êtes perçu comme une étoile filante, distante et joueuse.

Avec vous c'est la fête, les épreuves soucis et chagrins sont déguisés avec courage en gaités. Le sens de la joie et de ses paramètres paillètent votre existence. Vous avez la pudeur de rester en mode superficiel et de protégez les autres en ne leur imposant pas vos dures réalités. On ne peut que vous en savoir gré et vous féliciter

"Le premier devoir dans l'existence, c'est d'être aussi artificiel que possible. Ce qu'est le second, personne ne l'a encore découvert."(Oscar Wilde).

Vous êtes un ASSASSIN

Il semble que vous ayez exécuté un homicide. Vous aviez peut-être de bonnes raisons, ceci vous regarde et concerne le tribunal. Feu l'occis n'ayant plus la possibilité de donner son avis.

Vous n'êtes pas seul dans cette épreuve, il y a aussi la famille, les amis du défunt, les avocats, les juges et greffiers, les jurés, les témoins tous réunis autour de vous. « On tue un homme on est un assassin, on en tue des milliers on est un conquérant ». (Jean Rostand.)

« Il y a toujours des raisons au meurtre d'un homme, Il est au contraire impossible de justifier qu'il vive ». (Albert Camus). Vous avez beaucoup de chance : votre situation de meurtrier est tellement plus enviable que celle de votre victime.

Vous êtes un (faux) ASSISTÉ

Ingénieur, ingénieux, vous avez su vous inspirer du système du même nom pour amplifier sur les autres, les efforts que vous devriez normalement fournir seul. Ayant joué parfaitement le rôle de malheureux et rempli avec entrain les dossiers administratifs, vous connaissez mieux, et de façon plus précise, les droits, indemnités et prestations possibles, qu'une assistante sociale en chef, la veille de sa retraite.

Persuasif, vos qualités de comédien ont su gagner l'intérêt des services sociaux qui connaissent par cœur votre numéro de sécu, la date de votre anniversaire et le code de votre immeuble. Grâce à vous, ceux qui vous viennent en aide se sentent indispensables et humains… tout en vous permettant de bénéficier d'avantages matériels et affectifs certains.

Vous êtes ASSOCIABLE

L'air engageant d'un douanier découvrant une contrefaçon de Rolex dans un faux sac Vuitton, vous avez le regard dur et la bouche pincée. On dirait à chaque fois que l'on vous rencontre que vous sortez de chez un dentiste qui a confisqué vos dents, votre sourire et votre diction.

Vous n'aimez pas la société, ni les gens qui la composent : c'est votre droit, d'ailleurs ils vous le rendent bien. Votre environnement vous est devenu hostile et réciproquement. « Nous faisons nos amis, nous faisons nos ennemis, Dieu fait nos voisins ». (G.B. Shaw).

Vous avez la chance d'échapper aux responsabilités associatives embêtantes, dévoreuses de temps et de liberté : réunions Syndicales, de Copropriété, de Parents d'Elèves… où personne ne songerait à vous convier. Vous êtes à l'abri d'oublier votre carte bancaire chez un fleuriste, un marchand de cadeaux. ou de gentillesse et dispensé de vous y rendre… Vous êtes liiiiiiiibre.

Vous êtes AUSTÈRE

Ascète, rigoriste et puritain, vous vous imposez les contraintes d'un bénédictin seul, loin de sa vigne, et de sa plume grégorienne à notes carrées. Vous avez choisi un chemin rude et difficile.

Rigide et exigeant vous portez exclusivement du noir et en version fantaisie et décontractée du gris foncé.

Assuré d'avoir raison et d'être supérieur aux autres, vous avez l'élégance de ne jamais sourire d'histoires d'une drôlerie facile et navrante. La familiarité n'a pas plus de prise sur vous qu'un escargot sur une glace (en verre sécurit ou à la vanille peu importe).

Votre austérité ne manque pas de charme, vous avez un certain pouvoir de séduction comme les prairies évoquées par Victor Hugo « Ces champs qui, l'hiver même, ont d'austères appâts ». Ne faites pas la tête, ne haussez pas les épaules… Victor Hugo… tout de même !

Vous êtes AUTOCENTRÉ

Le sens du qualificatif dont on vous affuble est clair. Egocentrique, exclusif, indiffèrent, individualiste, centre du monde auto proclamé, vous sortez peu de votre isolement pour partager vos émotions, vos projets et votre manque d'intérêt pour les autres.

Rassemblé sur vous-même à l'inverse des dispersés, vous savez vous protéger des débordements, des dérives et plus généralement des déceptions crées par les autrui. La solitude de votre vie de toupie derviche, tournant sur vous-même, s'apparente à une danse. Vous n'avez qu'un sujet d'intérêt qui vous enchante : vous… dont vous êtes devenu accro.

« S'aimer soi-même est le début d'une histoire d'amour qui durera toute une vie ». (Oscar Wilde).

Vous êtes AUTODIDACTE

Les places de concours d'entrée dans les grandes écoles étant limitées, vous avez laissé avec beaucoup d'élégance, vos titres aléatoires - car non conquis - à ceux qui en avaient besoin.

Fier d'avoir grimpé à pied l'escalier de la connaissance, il vous arrive même de sous évaluer le cadre de votre enfance, pour ajouter quelques marches à votre ascension, (évitez d'évoquer cela au cours des repas de famille, vos proches pourraient s'offenser de cette dégringolade sociale que vous leur imposez).

Votre cursus unique prouve votre détermination, votre courage et votre esprit d'adaptation. Vous êtes un bel exemple de réussite comme d'autres autodidactes décorés par la célébrité : Abraham Lincoln, Charles Darwin, Thomas Edison, Xavier Niel … (ce n'est pas de la délation… c'est Wikipédia !).

Vous êtes AUTORITAIRE

Energique et catégorique, vous avez le sens du commandement. Que les autres puissent ne pas faire ce que vous avez prévu, vous semble intolérable, qu'ils aient un avis différent du vôtre, ne vous vient même pas à l'esprit.

Vous aimeriez pouvoir diriger les personnes avec une télécommande, (possibilité d'extension aux voisins et à leur chien, à ceux qui sont nés le même jour que vous, aux inconnus, aux gouvernements…).

Autoritaire vous avez la faculté d'utiliser votre pouvoir sur les autres, de décider à leur place et de les rassurer, ce qui humainement n'est pas rien ! Et lorsque utilisez des nuances, vous devenez un être plus que parfait ou presque !

« L'art de diriger consiste à savoir abandonner la baguette pour ne pas gêner l'orchestre ». (Herbert Von Karajan).

Vous êtes AUTOSATISFAIT

Fier d'être qui vous êtes, peu importe le flacon :et son contenu : courage, naïveté, égoïsme ou bêtise, puisque vous avez l'ivresse, d'être content de vous. Emerveillé et admiratif vous êtes si satisfait, que vous en parlez aux gens, leur disant le plus grand bien de vous, comme s'il s'agissait de quelqu'un d'autre.

Telles les statues qui arpentent les musées, vous vivez drapé dans de grands airs, le bras levé, le menton haut le regard imprenable.

Vous êtes ami avec vous-même et possédez la sagesse de vous en contenter. Vous vivez auto-valorisé dans une vie qui vous convient.

Salvador Dali était si content de lui qu'il « pensait mourir un jour d'une overdose d'autosatisfaction ».

Vous êtes AVARE

Grippe-sou grigou, Harpagon est votre maître à penser. On a tort de vous traiter de radin, car vous souffrez lorsque vous dépensez. Le radin, plus heureux, éprouve du plaisir à économiser, (pour info, le pingre se situe entre les deux). Ayant prénommé votre chien or et votre chat argent vous les appelez, les faites venir à vous pour les caresser avec béatitude

Vous avez le sens de l'économie, du contrôle et de la maitrise de vos finances, vous ne serez donc jamais ruiné. Le plus petit gain vous remplit de joie, des larmes de reconnaissance (gratuites bien sûr) font briller vos yeux.

Vous laisserez derrière vous un torrent de générosité : "L'avare ne fait de bien qu'après sa mort. " (Publius Syrus) Vos héritiers vouant une éternelle reconnaissance à la sagesse de votre gestion ne vous oublieront jamais ou presque...

Vous êtes AVIDE

Assez cupide et très intéressé, animé du désir ardent de posséder, vous avancez les bras chargés de ce que vous avez pris ici, et gagné là, enfin un peu partout. Insatiable, il vous en faut toujours plus, et encore, cela vous parait insuffisant.

Ignorant les directives morales du verbe être, vous avez opté pour le dictat jamais assouvi du verbe avoir. ... comme si les objets, l'argent et les territoires vous dédommageaient de vos peines et vous consolaient de certains chagrins.

Avec une attention constante, une perception fine et l'art de l'observation matérielle, vous savez mieux que quiconque, détecter les avantages et profiter de ce qui se présente. Chaque gain vous rend heureux.

Vous êtes BAGARREUR

Des pétards plein la tête, vous collectionnez coups, cicatrices et cartes de fidélité Urgo. Votre pharmacien et vos proches soupirent en vous voyant arriver le sourcil fendu, le pouce écrabouillé, le bras en biais ou le genou épluché. Rien ne vous arrête, l'expérience ayant peu de prise sur vous, vous retombez au même endroit pour les mêmes raisons... toujours prêt à recommencer.

Redresseur de torts autoproclamé, vous vous impliquez beaucoup dans la défense de vos idées, de vos projets, et contre tout ce qui vous semble injuste ou provocant. Homme dynamique, décidé, et courageux ! vous êtes un exemple, une sorte de mousquetaire moderne connecté 2.0, prêt à dégainer pour défendre ses convictions, ses valeurs et celles des autres.

Vous êtes BANAL

Impersonnel, anodin et neutre, dépourvu d'originalité, invisible tel un détective privé, un brin de gazon ou une bouteille d'eau plate. Quelconque, comme un bol marqué « bonjour », un set « bon appétit » un paillasson « Wellcome » ... vous êtes platement prévisible. On vous voit sans y prêter attention ni s'en souvenir.

La neutralité existentielle est une valeur d'origine suisse, une option assez facile et reposante. Il faut être sage et détaché de certaines contingences pour être banal.

Vous avez le sens de la simplicité, la gentillesse et l'élégance de laisser de la place aux autres et vous y gagnez la liberté suprême de ne pas être remarqué.

Vous êtes BARATINEUR

Beau parleur, hâbleur, un tantinet frimeur, vous êtes toujours prêt à envisager de nouvelles rencontres pour vérifier et affuter, votre pouvoir de séduction.

Avec un enthousiasme verbal upgradé par l'envie de convaincre, vous tentez de faire de votre désir, celui des autres. Vous vous exprimez avec une insistance qui se décline à travers des phrases interminables, au risque de noyer l'attention et la patience des gens.

Vous obtenez les choses assez facilement, lassés par vos guirlandes d'arguments, vos interlocuteurs baissent les bras et finissent par être d'accord avec vous, pour pouvoir s'en aller.

Inlassable communicant, vous êtes en privé une sorte de Don Juan. Sur le plan professionnel les carrières commerciales vous proposent un avenir brillant.

Vous êtes BARJOT

Barré, jobard (en verlan), inclassable, votre attitude informelle surprend, on craint vos idées loufoques, et improbables. Les radins, les maniaques les conformistes, accompagnés par tous ceux qui portent aux nues la tradition, ou que les conventions ont élevés à leur hauteur actuelle et future, effrayés à l'idée de se remettre en question, vous évitent…

Pour mémoire la famille Barjot fait partie de la noblesse : Philippe Barjot épouse en 1436 Marie de Tournebulle (héritage patronymique singulier pour leurs pauvres enfants. Le préposé aux Livrets de Famille soupçonnant une farce, en tombe de sa chaise).

Ce nom ne l'empêcha pas comme ses descendants d'être nommé Conseiller d'état.

Echappant à la logique du bon sens, avec ou sans « t », vous jouez à chat perché avec les idées. Vivant librement sans vous soucier du qu'en dira-t-on. Vous avez la chance inédite et rare de vivre une existence magique et joyeuse, décorée de projets illogiques et de rêves improbables.

Vous êtes un BAROUDEUR

Emballé dans un treillis à impression camouflage, chaussé de bottes, ganté de cuir, tatoué, le visage tanné, vous avez fait de votre vie de sac à dos, une marche intercontinentale. « Le vrai voyageur n'a pas de plan établi et n'a pas l'intention d'arriver » (Lao Tseu)

Corto Maltèse vivant, vous possédez un trésor de connaissances terrestres, de souvenirs rares, avec en plus les qualités que l'on attribue aux légionnaires. et aux trappeurs. Votre indépendance viscérale est non négociable. Vous avez la liberté de choisir votre destination, votre rythme et vos haltes.

Votre expérience acquise au gré des embuches est précieuse, (éditée sous forme de carnets, elle ferait un carton chez Nature et Découvertes ou à la Fnac.)

Vous êtes BATAILLEUR

D'Artagnan réincarné, animé par un certain sens de l'honneur (ou de l'idée que vous vous en faites), vous passez rarement inaperçu. Toujours prêt à en découdre, à dégainer paroles et gestes, vous avez un sens aigu et frontal de la vengeance. Toute atteinte supposée est immédiatement enregistrée et une stratégie d'attaque déployée. La moindre critique reçue est prestement retournée à son envoyeur : une bousculade rendue de plein fouet, une queue de poisson ératiquement vengée.

Être qualifié de batailleur ce n'est pas forcément blessant prenez l'exemple du roi capétien Louis VI qui

préférait être appelé « Louis le Batailleur » que « Louis… le Gros » (Il a eu droit aux deux titres).

Intrépide, avec ce comportement réactif et combatif qui caractéristique la jeunesse, vous ne serez jamais vieux

Vous êtes un BÂTELEUR

Acrobate et baladin, danseur équilibriste, jongleur ou funambule, sorti tout droit d'un jeu de tarots, vous avez besoin de l'attention et des applaudissements d'un public pour vous sentir exister. Artiste urbain, vous vous exprimez à travers votre fantaisie, cherchant à étonner, à surprendre, à convaincre, à séduire, à briller.

Toujours prêt à créer, à inventer, à innover et à déchiffrer sur l'expression des visages ou dans les cris de joie, votre degré de réussite.

Possédant d'indéniables qualités artistiques, votre bagout et l'art de la parole servent vos envies.

Vous avez le courage d'affronter les regards, les jugements et les critiques. Avec une telle personnalité, autant d'énergie et d'audace vous êtes un être rare.

Vous êtes BATTU

Victime autoproclamée, spécialiste de la déconfiture, vous êtes un malheur ambulant. Mais au fait en quoi êtes-vous battu : au jeu ? par une main violente ? le pessimisme ? le manque d'estime et de confiance que vous avez de vous ? ou, par l'idée profondément ancrée que vous méritez d'être malheureux puisque c'est votre destinée.

On vous traite avec compassion. Vous avez droit à l'attention et aux égards dus aux blessés. Votre propre malheur ne vous déplait pas tant que cela, vous y trouvez, l'humble bonheur masochiste de vous sentir

humilié, donc de mériter que l'on s'intéresse à vous et que l'on vous plaigne.

Vous êtes BAVARD

Eloquent et disert, les mots sortent de votre bouche en forme d'embouteillage. Vous-même êtes parfois surpris d'entendre ce que vous dites. Vous videz soudain le contenu de vos idées, comme un sac, sur le plateau indiscret du tapis roulant des douanes.

En fonction des circonstances, vous parlez pour le plaisir d'entendre les inflexions harmonieuses de votre voix, imposer aux autres votre point de vue, aérer vos dents, muscler votre langue ou… par peur du silence.

« Affronter un bavard est une épreuve, certes mais que faire de celui qui vous envahit pour vous imposer son mutisme ? » (Amélie Nothomb).

Vous êtes un vrai communiquant… Jamais on ne vous qualifiera de taiseux. Démosthène et Bossuet ont apporté au discours donc à votre bavardage, ses lettres de noblesse et vous en profitez !

Vous êtes BELLÂTRE

Esbroufeur cupidon, vous associez à un joli physique une carnation généralement dorée. Séducteur soucieux de son apparence et de son pouvoir, vous êtes souvent perçu comme un homme plutôt égoïste et imbu de lui-même.

Et si cela venait d'un manque de confiance en vous, d'expériences douloureuses ou d'un romantisme explosé quand vous étiez adolescent. Un jour décidant peut-être que vous méritiez mieux qu'un second rôle, vous avez endossé celui de séducteur au premier degré.

On dira ce que l'on voudra : vous avez la chance d'avoir confiance en vous, de vous trouver beau et d'en

être particulièrement satisfait. Vous éprouvez souvent la délicate impression et le plaisir d'être jalousé.

Vous êtes BELLIQUEUX

Petit déjà vous attaquiez vos congénères dans la cour de récréation, les bleus étaient réversibles, tantôt donnés tantôt reçus, d'ailleurs votre père vous appelait Attila et votre mère Arnica. Maintenant que vous avez grandi, votre épée en plastique rangée, votre arme à vous ce sont les attaques verbales, les gestes violents, les courriers accusateurs, les mails agressifs. Parfois même, vous vous prenez les pieds dans votre cape de mousquetaire. « Quand la paix règne, l'homme belliqueux se fait la guerre à lui-même ». (Friedrich Nietzsche).

Vous avez le courage de défendre vaillamment vos valeurs, de ne pas laisser les situations ni le hasard ni les personnes, vous donner des ordres, ni vous échapper et l'audace de ne jamais subir, sans réagir,

Vous êtes un BÉOTIEN

Peu lettré, ne connaissant pas grand-chose…. Vous ignorez ce qu'est, ni où se trouve la Béotie ! Indifférent à la culture, sa grammaire et ses déclinaisons, vous vivez loin des dictionnaires, des livres, des méthodes et des documentations.

Les bibliothèques, musées expositions, théâtres, cinémas et autres lieux culturels n'ont pas le plaisir de recevoir votre visite.

Vous avez la chance et la fraîcheur d'avoir tout à découvrir : vos possibilités de progression sont infinies avec la liberté de pouvoir vous orienter à travers les promenades de la connaissance. Chaque découverte vous ouvrira une nouvelle fenêtre, qui donnera sur la

culture d'un nouveau jardin. Tout dépend de votre bon vouloir.

Vous pouvez aussi, comme les abeilles vivre sans savoir lire ni écrire mais avec votre intelligence instinctive naturelle

Vous êtes BILEUX

Le teint jauni parcheminé par l'angoisse, vous êtes en permanence soucieux, inquiet, déprimé et cela vous rend grincheux et rogue.

Le filtre de votre imagination ne retenant que le négatif, vous oubliez ce qui ne l'est pas. La peur vous ouvre les portails de l'inquiétude. Anticipant d'improbables problèmes vous finissez par vivre dans la crainte de ce que concocte le département négatif de votre imagination. Chacune de vos pensées s'oriente naturellement vers un aboutissement malchanceux.

Vous êtes sérieux et prévoyant, l'angoisse farde votre visage d'un masque grave, on vous trouve profond. Vous éprouvez le plaisir délectable d'éteindre la joie autour de vous comme le ferait une mouchette de bougies à la fin d'une fête.

Vous êtes BINAIRE

Avec vous c'est simple : zéro ou un, oui ou non, noir ou blanc… Dichotomique et prévisible, accessible au premier degré, on ne vous attribue généralement qu'une petite intelligence basique style rechargeable ou jetable.

Faciles à décoder, vos idées sont compréhensibles, sans mot de passe et vos actions intelligibles sans mode d'emploi.

Vous êtes direct et clair : ce qui se conçoit bien s'énonce clairement. Simple, vous n'avez pas la

duplicité des personnes réversibles. Vous illustrez un mode de pensée « non elliptique » très tendance.

Vous êtes BIPOLAIRE

Imprévisible et changeant, vous vivez « à l'ouest » dans une ambiance de montagnes russes, passant du sommet de l'optimisme au découragement le plus profond. Vos proches ont du mal à suivre vos vols en planeurs suivis de figures supersoniques.

Réactif au millimètre près, plus sensible qu'une aiguille de boussole, la tristesse comme le rire pleuvent des larmes sur vos joues et s'invitent dans votre sommeil.

Vous avez la chance de mener une double vie enrichie par des points de vue changeants, dans des lieux insolites.

Beaucoup d'artistes ont pu développer et dépasser leur talent grâce à leur bipolarité raisonnablement vécue, de bons amortisseurs et la consciente fierté d'être uniques.

Vous êtes BIZARRE

Etrange et saugrenu, déconcertant, peu conformiste, imprévisible et indépendant, vous surprenez par votre côté étrange, insolite et hétéroclite. Devançant et obéissant à vos envies, vous innovez, prenant le risque de tenter des expériences inédites.

Sans repères logiques, on ne sait jamais comment interpréter votre comportement, d'ailleurs… vous non plus… puisque cela ne vous intéresse pas.

Vous avez avec votre comportement indéchiffrable accès à la fantaisie de l'inaccessible. « Toute beauté remarquable a quelque bizarrerie dans ses proportions » (Francis Bacon).

Bizarrement votre vie irrégulière et effilochée, improbable et créative est passionnante. Les méandres psychanalytiques vous sont étrangers vous assurant une vie sans remords ni culpabilité.

Vous êtes BLAGUEUR

Inventif et facétieux, de bonnes histoires plein la bouche : vous êtes toujours prêt à raconter des trucs, faire des farces, pour amuser les autres.

Soucieux de n'oublier aucune blague, une icône antisèche rieuse « ah, ah, ah ! » s'affiche en permanence sur l'écran de votre portable. Vous n'êtes pas le seul à dérouler ce ruban de drôleries. Une maitresse (de maison) préparant un dîner demande à un invité : « mon époux en est à quelle histoire drôle ?... Pour savoir si j'enfourne le soufflé » ?

On vous attend avec impatience pour réjouir l'ambiance. Vous savez offrir gratuitement et partager la joie et les bienfaits du rire, que d'autres dispensent avec sérieux, vendant des cours payants beaucoup plus ennuyeux.

Vous êtes BLASÉ

Plus rien ne vous surprend, des rives du Mékong, aux palaces retouchés d'or, de la pianiste à genoux... au mille pattes qui n'en a que deux, rien ne vous étonne.

Désabusé et désenchanté, vous ne vous intéressez pas à grand-chose. Les documents et les statistiques qui vous indiffèrent peuvent retourner ranger leurs caractères et leurs chiffres étonnants dans le réservoir d'encre des imprimantes.

Les personnes que vous rencontrez, devant votre mépris pour ce qui est commun et votre air cinq étoiles, se sentent minimisées de ne pas avoir rencontré de telles joies. Leurs sempiternelles vacances à Mimizan… n'arrivant pas à la cheville des vôtres

Vous avez le privilège d'avoir eu accès à beaucoup de choses passionnantes que les 92 passagers d'un autocar low-cost ne connaitront jamais. Le luxe c'est le choix… et vous en avez profité : la terre est pleine de tant de richesses et vos souvenirs le sont également.

Vous êtes BLESSANT

Le regard incisif, la phrase humiliante, la réflexion vexante, la critique acérée, vous distribuez avec un certain plaisir, des jugements affutés et pointus. Leur côté tranchant, blesse leurs destinataires, leur coupant le désir de rester en votre compagnie. Raisonnablement il faudrait porter une armure pour vous côtoyer, ou alors… être sourd, insensible ou même anesthésié.

Bravo pour la finesse de votre analyse, puisqu'il faut du talent pour atteindre et toucher, profitez-en c'est un don. Un lourdaud n'est jamais aussi blessant.

Faire souffrir les autres, c'est la preuve que vous existez et que vous avez de l'"influence. Et puis qui pourrait vous le reprocher puisque selon l'adage « il n'y a que la vérité qui blesse ».

Vous avez le courage de prendre le risque de déplaire, on vous craint. Votre caractère évite les épanchements au gout de guimauve que l'un regrette d'avoir dit, et l'autre d'avoir entendu.

Vous êtes BORDÉLIQUE

Désordonné, vous vivez dans une « maison close » afin que personne ne puisse apercevoir l'embouteillage d'objets et l'aspect vide-grenier de votre habitation.

Vous recevez chacun et plus précisément le facteur, sur votre paillasson… gardant pour vous seul le spectacle du champ de bataille qui vous sert de campement. Le jour de votre déménagement vous quittez à regret une demeure que vous n'auriez jamais imaginée aussi belle et spacieuse.

En dépit de toute logique : mémoire visuelle ou instinct vous retrouvez souvent de façon aléatoire ce que vous cherchez. Laissant les objets vivre leur vie sans la contrainte ennuyeuse du rangement et les dictats de l'ordre, vous avez souvent l'agréable surprise de découvrir des choses merveilleuses que vous ignoriez posséder.

Vous êtes BORNÉ

Buté, fermé, inébranlable, vous restez sur vos positions avec l'immobilisme d'une borne effacée par le temps, fichée sur le bord de la route. Il est visible que votre tête n'héberge pas la faculté de changer d'avis. N'acceptant ni les conseils, ni les remises en question, votre position fermée peut sembler manquer d'ouverture.

Vos certitudes ne laissent aucune idée nouvelle rentrer dans la bergerie de vos habitudes. Avec cette prudence et une telle suite dans les idées… rien ne peut semer le doute ou le désordre dans votre esprit et vous influencer.

Plus original (si si !) que les personnes qui savent ce qu'elles veulent, vous avez surtout conscience de ce dont vous ne voulez pas. Votre état d'esprit obtus vous sécurise agréablement.

Vous êtes BOUDEUR

Assis dans un coin, immobile, le visage fermé les yeux légèrement entrouverts vous surveillez discrètement la réaction des autres à votre égard. Mais revenons à l'origine des faits : quelques mots frôlant votre oreille ont froissé votre susceptibilité. Vous vous êtes renfermé dans un air réprobateur… et vous voudriez que votre silence soit remarqué ! C'est tout à fait illogique, vous n'êtes pas raisonnable qui remarquerait une absence de présence et de bruit.

Vous savez vous replier sur vos positions et vos convictions, en gardant votre calme en toute circonstance.

Exprimant avec finesse votre réprobation, n'imposant à personne la violence hors normes des coléreux, vous faites preuve d'une colère impalpable enfin presque… quelle élégance !

Vous êtes BOUGON

Grincheux, grognon, maussade, vous arborez l'air revêche d'un chien loup qui aurait perdu ses lunettes. Tel un taureau déprimé par la file d'attente à la caisse d'une grande surface, vous ruminez tout bas votre insatisfaction.

Il faudrait la compétence d'un psychiatre ayant un DEA de voyance, et un certificat d'archéologie pour déchiffrer les expressions de votre visage et vous comprendre. Faire la tête est un comportement un peu vintage (puisqu'au 21ème siècle la non-communication n'est pas du tout tendance)

Vous êtes vrai avec discrétion. Vous savez vous exprimer à travers des haussements d'épaules, des onomatopées, des grommèlements, et ainsi convaincre vos interlocuteurs sans effets de manches ni de dithyrambes.

Vous n'usez pas les mots, par un emploi excessif, avec vous les phrases sont en vacances.

Vous êtes BOULIMIQUE

Pour info cela vient du grec « affamé de bœuf ». Avide de tout, ayant une faim inexorable vous avez un besoin difficilement contrôlable d'absorber, de manger, de lire, de voyager….

On dit de vous que vous avez les yeux plus grands que le ventre. Ce qui est démenti par un simple coup d'œil à la réalité, Il vous est difficile de commencer un régime puisque vous avez envie de tout sauf de réduire vos habitudes et de vous priver.

Au moins, contrairement aux personnes blasées qui maltraitent en chipotant une douzaine de grains de caviar en disant que « c'est beaucoup trop » ou à celles qui pochent des brocolis dans de l'eau minérale, vous avez toujours envie de quelque chose.

Votre enthousiasme vous promène et vous accompagne vers les joies réconfortantes d'une vie généreuse de gourmet.

Vous êtes BOUTONNEUX

Votre peau réactive a décoré votre visage de leds rouges, disposés de façon aléatoire et vous trouvez cela disharmonieux.

Comme vous l'aurez remarqué, le propre des boutons est de se ressemer au grattage… comme les graines de pissenlit ou les grilles du Loto.

Au moins vous n'avez pas besoin de porter des lunettes carrées, des pulls fuchsia, des baskets fluos à lacets panthère, pour attirer l'attention En plus il est intéressant d'avoir, malgré une imperfection, le courage, de vivre avec, comme si de rien n'était.

Votre imperfection en valorisant les autres par contraste peut présenter socialement un certain avantage et puis… on se souvient de vous.

Vous êtes BRAVACHE

Brave avec une cravache… vous affectez d'être courageux, de préférence, lorsque vous n'êtes pas seul. Olybrius vantard, vous apparaissez dans vos récits comme un héros moderne, drapé de hardiesse, ceinturé de vertu et couronné d'audace.

Vous avez le mérite d'imiter les conquérants en bravant les obstacles (puisque c'est vous qui l'affirmez on ne peut que vous croire). Et puis vous êtes distrayant tant de personnes sont si passives, qu'il ne leur arrive presque rien à raconter.

Avec un certain panache, vous faites semblant d'être courageux. Bravo ! Vous avez raison, c'est tellement mieux que de faire semblant d'être lâche.

Vous êtes un BRICOLEUR (nul)

Consommateur d'outils, d'accessoires, et de matières premières, les pinçons bleus, griffures et bandages qui décorent vos mains, témoignent de vos occupations.

Imaginatif et manuel, vous envisagez d'assainir un cours d'eau avec une passoire, deux branches de bois et trois élastiques.

La « récup », vous l'aviez inventée avant les écologistes. Pro du « Do It Yoursef » semi éclairé, vous savez réalisez un provisoire à base de bouteilles d'eau recyclées, de fils de fer récupérés sur des cintres et de pinceaux détournés en balayettes… Ingénieux entreprenant et créatif, vous apportez aux problèmes pratiques des solutions basiquement intéressantes.

Vous êtes célèbre : les caissières des grandes surfaces de bricolage vous appellent par votre prénom.

Vous êtes BRISCARD

Lascar, loustic, gaillard, soudard... vous avez plus d'énergie que de bonnes manières. Expérimenté et retors « on ne vous la fait pas ! » Vous menez une vie de casse-cou, entortillée dans d'incroyables aventures et d'inimaginables expériences.

Vous tenez certainement ce caractère d'un aïeul soldat dans l'armée napoléonienne, arborant la « brisque » pour afficher fièrement, comme ses camarades réengagés, la valeur de son ancienneté.

Courageux, indépendant et entreprenant, vous possédez ces qualités d'audace et de liberté qui animent les héros, en tout cas vous en êtes persuadé et cela vous rend fort.

Vous êtes BROUILLON

Votre vie est désordonnée et confuse, taguée comme une porte interdite, scribouillée tel un carnet de rendez-vous chez un médecin débordé.

Sans méthode (que vous avez probablement égarée ou perdue, en tout cas jamais lue), vos idées après avoir joyeusement joué à cache-cache se sont emmêlées. Vous n'arrivez plus à donner un ordre logique aux choses, ni une place aux objets.

Vous êtes capable de vivre dans le désordre ce qui n'est pas donné à tout le monde. Même si cela ne saute pas aux yeux, vous possédez un certain sens artistique de l'instantané et certainement pas l'égoïsme tatillon, méticuleux et retors d'un maniaque.

Vous êtes BRUSQUE

Pan, clac, bing, imprévisible, et impatient, vous agissez précipitamment, dans un éclat de gestes et un fracas de bruits. Vos mouvements sont nerveux, désordonnés et saccadés.

On pourrait penser que votre appartement un peu cabossé, est habité par une famille d'auto tamponneurs.

Soyez rassuré, la nature est tellement bien faite, que si les êtres violents comme vous risquaient quoi que ce soit, au lieu de quelques poils et d'une poignée de cheveux, le ciel prévoyant et préservatif les aurait couverts de plumes, de fourrure et d'écailles.

Vous êtes dynamique, actif, rapide et décidé. On peut vous faire confiance pour dire ce que vous pensez et faire ce que vous voulez.

Vous êtes BRUTAL

La fée Délicatesse n'ayant pu assister à votre baptême (pour cause de décès dans sa famille), vous êtes ainsi.

Brusque et violent, agressif et précipité, vous piétinez rageusement la variété des nuances qui croisent votre chemin.…

Avec une gaucherie préhistorique, vous ne ménagez ni les objets, ni les personnes. Incapable de réaliser un paquet cadeau, et surtout d'agir avec douceur, vous n'enveloppez pas vos gestes et vos habitudes dans du papier de soie.

On peut compter sur vous dans les situations difficiles, vous feriez fuir un cambrioleur en fin de droits ou un loup ou l'un accompagnant l'autre. Le reste du temps vous êtes perçu comme un homme fort, courageux et direct.

Vous êtes BRUYANT

Créateur de décibels, vivant dans un halo de bruits, vous assourdissez en permanence votre voisinage : votre moto turbule, votre voiture cliquette, votre tondeuse klaxonne, votre chien miaule, votre chat pépie et sans doute criez-vous le jour et ronflez-vous la nuit…

Tapageur, vous n'êtes pas gêné par le vacarme, peut-être vos tympans sont-ils mal réglés. Il y a comme vous des mobymotards qui traversent les villes, la nuit, réveillant, par leur pétarade, un maximum de personnes ce qui permet aux amoureux endormis de renouveler leurs ébats.

Habitué au bruit celui-ci ne vous dérange jamais. Vous pouvez sans inconvénient habiter agréablement au-dessus d'une boite de nuit à côté d'une scierie, en bordure d'autoroute en profitant d'une baisse appréciable du prix au mètre carré.

Vous êtes BUTÉ

Obstinément têtu, campé sur des certitudes, vous restez ancré sur vos positions. Quelque soient les arguments que l'on vous propose, certain d'avoir raison, vous ne les écoutez même pas. L'adage qui attribue aux imbéciles l'infaculté de changer d'avis, n'a aucun effet sur vous.

Vous vous réveillez aussi déterminé, sinon plus, qu'en vous endormant. Entrouvrant le moins possible les volets de la discussion, vous vous protéger des idées nouvelles comme d'autres personnes le font du soleil ou des moustiques.

Reconnaissant ou admirant votre ténacité, on dit de vous que vous avez de la suite dans les idées même si celles-ci ne font que du sur place. Décidé et endurant, personne ne vous influence.

Vous faites un otage remarquable et taiseux capable de tenir tête à une armée de ravisseurs.

Vous êtes CABOCHARD

Têtu comme une chèvre qui aurait décidé de ne pas jouer du piano pour aller à la piscine, vous n'en faites qu'à votre tète (de mule). En plus vous avez un caractère que les personnes généreuses qualifient « d'affirmer » les autres vous appellent tête de bois mais cela vous indiffère.

Être de mauvaise foi ne vous dérange pas, au contraire. Rien n'est jamais votre faute. Les torts concernent exclusivement les autres, un point c'est tout. Les concessions, découragées par le mauvais accueil de votre état d'esprit, ont déserté votre jugement.

Votre attitude braquée vous protège des variations atmosphériques qui enrhument les inconstants.

Quand vous avez pris une décision on peut vous faire confiance pour ne plus changer d'avis. Votre caractère vous évite les affres insomniaques du doute et des remords.

Vous êtes CABOT

Vous surjouez votre vie sur deux pattes, avec une haute opinion de vous-même. Tel le petit chien qui attire l'attention par ses aboiements et ses mimiques, vous vous dressez fièrement content de vous et de la qualité de votre représentation.

« À partir de la cinquantaine, je le dis comme je le pense, on n'est plus qu'un vieux cabot » (Louis de Funès) qui-certainement-ne-le-pensait-pas ! Il faut dire, en revoyant les photos de cette époque, que les âges étaient probablement annoncés H.T.

Vous avez l'âme et le charme d'un clown, le sens de la représentation et l'art de communiquer vos émotions. Votre besoin du regard des autres est touchant comme celui que vous avez d'être aimé.

Vous savez susciter l'attention des gens qui vous est nécessaire. Il vous arrive souvent de vous séduire vous-même et d'en être ravi.

Vous êtes CACHOTIER

Parlons bas pour ne rien ébruiter. Vous cultivez le mystère avec un vrai sens de la dissimulation et l'impression excitante de détenir d'importants secrets. Le regard en biais vous attendez qu'il n'y ait personne à l'horizon pour vous emmêler les doigts en tapant votre code bancaire, persuadé que tout passant rêve de le connaître. (Là vous faites erreur, chacun, est surtout préoccupé de se remémorer le sien).

Si vous avez reçu un enseignement Jésuite, soyez assuré que vous avez su garder la méfiante qui vous a été inculquée et son langage neutralisé par des termes sibyllins : on, il parait que, certains disent…

A vos yeux même les choses banales se voilent d'un mystère qui accroit leur intérêt. On peut vous confier un secret : il sera bien gardé. Le Vatican la police et les banques recherchent et apprécient les qualités de personnes telles que vous.

Vous êtes CALCULATEUR

Vous chiffrez tout en permanence. Votre mémoire vive vous permet d'enregistrer, d'analyser et de tirer des conclusions immédiates. A peine entré dans un appartement vous évaluez en un clin d'œil la surface multipliée par la hauteur de plafond et l'indice de l'endroit. Vous avez même pu estimer le prix de ce bien avant de dire bonjour.

Les placements financiers vous passionnent. Vous dépensez votre temps en additionnant les soustractions

Homme averti de la valeur des choses, vous maitrisez vos décisions en connaissance de cause et cela vous rassure.

Votre regard laser déchiffre les codes-barres. Au Prisu vous savez s"il est plus avantageux d'acheter ce savon en dosettes ou de prendre le flacon, au restaurant quel est l'intérêt du café gourmand etc... Vous ne vous ennuyez jamais ! « Il y a en chacun de nous des calculs que nous nommons espérance » (Platon).

Vous êtes CALOMNIEUX

Dire du mal des uns aux autres provoque chez vous une agréable sensation... Allusif, spécialiste de la diffamation, vous accusez de façon grave et souvent mensongère. Si vos interlocuteurs semblent apprécier vos calomnies, dès que vous avez tourné le dos, ils redoutent d'en être eux aussi l'objet. « Plus une calomnie est difficile à croire, plus pour la retenir les sots ont de mémoire » (Casimir Delavigne).

Rassurez-vous, vous êtes tombé au bon endroit : en France, la liberté d'expression est un principe intangible. Toute personne peut librement émettre une opinion, positive ou négative... (Déclaration des droits de l'homme et du citoyen de 1789).

Dire du mal d'une personne, c'est comme manger du caviar, la première fois cela déconcerte et parait peut-être un peu salé, puis on s'y fait, après on en raffole. Bon communicant, vous informez négativement peut être mais vous informez tout de même.

Vous êtes CANCANIER

Non ce mot ne vient pas du French Cancan et vous ne répétez pas d'une loge à l'autre ce que les plumes d'autruches chuchotent sur scène.

Indiscret, curieux et bavard, vous dites aux uns ce que les autres vous ont confié, semant zizanie, querelles, jalousies et rancœurs. En plus dans la joie d'être écouté vous déformez les faits en les exagérant.

Vous démontez et remontez les paroles des gens avec la patience d'un shérif, retraité construisant un cheval en allumettes.

Vous êtes solide et fort puisque vous supportez parfaitement que parfois vos indiscrétions vous reviennent à la figure déguisée en claques et en brouilles. Vous vous percevez comme indépendant et vrai. On ne saurait vous reprocher d'être indifférent car vous vous intéressez vraiment aux autres.

Vous êtes un CANCRE

Mauvais élève professionnel, vous vous êtes protégé de toute forme envahissante d'instruction. Paresseux intellectuel et fainéant n'ayant jamais dépassé la note de 5, même en trichant, ce qui prouve encore votre manque d'attention. Vous avez persuadé vos parents que vous étiez noté sur 10. Comme cela les arrangeaient un peu… c'est passé sans problème… sur cinq, eut été mieux, mais vous avez craint le non-sens d'une note maximale, annotée d'un jugement catastrophique.

Vous avez de la chance : même en ne faisant rien beaucoup de notions intéressantes se sont installées

par hasard dans votre tête, sans vous demander le moindre effort. Vous partagez ce défaut scolaire avec Bill Gates, Orson Welles, Steve Jobs… qui n'ont pas su dans leur enfance persuader leurs professeurs « qu'ils étaient de bons élèves ».

Vous êtes CANDIDE

Ingénu, crédule et lisible, vous incarnez avec fraicheur la naïveté. Définitivement confiant et honnête, fuyant les nœuds des complications, vous êtes prêt à croire n'importe qui disant n'importe quoi.

Votre lit douillet aux draps de lin brodés, accueille dans vos rêves les arguments festonnés de promesses entendues.

Vous dormez en souriant. La tête remplie de belles idées et de fleurs pastelles. Droit comme l'honnêteté, vous êtes un exemple d'innocence, ignorant la méfiance, votre vie est douce. On peut vous trouver un peu simple, ne vous en apercevant pas, vous vivez avec bonheur une vie limpide. Votre caractère arrondi vous protège des angles de la réalité.

Vous êtes CAPRICIEUX

Telle une abeille vous butinez d'une envie à l'autre. Inconstant, ascendant volage, ravi de changer de direction selon vos lubies, lunatique et versatile, d'un coup d'ailes, vous abandonnez un projet pour une idée nouvelle, mêlant l'impatience d'un enfant gâté à l'exigence d'une diva bipolaire.

Vous avez confiance en vous sans cela vous n'oseriez pas changer en permanence. Les timides eux n'osent pas s'autoriser de caprices. Votre fantaisie attire plein de joies qui vous accompagnent en riant.

« La vie est pleine de ces plaisirs vifs qui ne coûtent rien et dont on ne jouit pas assez » (Emile Auguste Chartier, dit Alain). Vous êtes libre de suivre vos désirs, de les arrêter, et de les reprendre.

Vous êtes CARACTÉRIEL

Instable, vous êtes en conflit semi permanent avec la société. Tel le volant d'une voiture à la casse, vous vous braquez sans raison apparente. Lorsque vous sifflez de la vapeur, avec la violence d'une cocotte-minute, l'explosion est proche, il est temps de s'abriter de la foudre en vous quittant.

Tout le monde vous connait, vous avez menacé votre banquier avec une chaise, insulté une personne en fauteuil roulant et… donné un coup de pied à un petit chien, plus philosophe que vous, qui avec un léger haussement d'épaule a fait celui qui n'avait rien senti.

Cette pathologie vous permet d'exprimer votre souffrance intérieure et de la communiquer à ceux qui vous aiment et vous aident dans les moments difficiles.

Vous ne subissez pas, on ne vous impose rien. « Le caractère d'un homme fait son destin » (Démosthène). Vous êtes énergique et entier. On évite vos éclats et on respecte votre volonté en ne vous contredisant pas.

Vous êtes CARRIÉRISTE

Vous gravissez tous les jours en courant, avec des souliers impeccablement cirés ? les marches du perron de la direction vers une promotion certaine. L'ambition est le moteur de votre vie. Plus concerné par le succès que par les scrupules, vous n'avez pas le temps de vous intéresser gratuitement aux autres.

Cette course effrénée, accélérée par votre désir de réussir votre carrière vous incite à déployer des plumes, (de stylo Montblanc) pour voler toujours plus haut.

Grâce à votre implication et à votre volonté, vous êtes un salarié ultra motivé ? donc bien vu, apprécié par les n+ de l'état-major. Vous avez su créer les moyens, la chance et le privilège d'atterrir dans un futur brillant.

Vous êtes CASANIER

Vous avez le gout sédentaire et popote de rester chez vous. Votre demeure c'est votre paradis, vous y vivez heureux. Les sorties et autres extériorisations vous dérangent comme des miettes de biscotte dans des draps. Justement votre lit est sacré c'est le radeau de votre bien être.

Collectionnant les catalogues, vous êtes ultra documenté sur le confort à la maison. Vous pourriez créer un blog et y exposer votre connaissance approfondie des fauteuils à géométrie variable, des repose-pieds électrifiés et de tous les accessoires indispensables à une vie douillette. Vous savez vous protégez des imprévus.

Si par un hasard incertain vous sortez de chez vous... vous retrouvez le bonheur magique de rentrer ensuite au chaud. Vous avez la sagesse de vous contenter de ce que vous avez et de savoir en être heureux.

Vous êtes CASSANT

Raide, tranchant et catégorique vous vous affirmez avec autant de dureté que de maladresse. Péremptoire vous communiquez sans ponctuation, virgules, cédilles ni points d'interrogations. Vos phrases sont courtes et définitives.

On redoute vos réactions. Les échanges avec vous sont risqués. Après plusieurs tentatives récompensées par un boomerang, on évite de vous demander votre avis.

Retournez-vous et regardez le groupe impressionnant de personnes que ce caractère tranchant vous a mis à dos. Vous pourriez remplir des dizaines d'autocars et même un train et deux ou trois avions avec ces insatisfaits, blessés par votre comportement et qui vous prouvent non seulement que vous existez, mais que vous comptez pour eux et que votre avis est important.

Vous êtes sûr de vous, on admire votre personnalité forte et déterminée, vous avez le pouvoir magique d'être craint.

Vous êtes CASSE-COU

Aventureux, audacieux, téméraire, décoré d'ecchymoses, marbré de bleus, martelé de bosses, tatoué de cicatrices, votre vie est une dangereuse cascade. Sans doute inspirée par celles des films d'aventure de l'homme de Rio... à Star Wars. On vous trouve attaché par des élastiques au bord d'un gouffre, dévalant de dos, une piste noire...

Vous cotisez bien peu à Europe Assistance par rapport à ce que vous lui coûtez. Concernant l'avenir de votre mobilité, vous avez de la chance. La science a fait de grands progrès : Bientôt les fauteuils roulants seront équipés de drones et les cellules souches feront repousser les membres des humains, comme ceux des insectes et des végétaux.

Vous êtes un homme libre, enthousiaste, intrépide et courageux affrontant gaiement les dangers avec la force de l'insouciance.

Vous êtes CASSE-PIEDS

Déjà votre qualificatif est dérangeant : comment doit-on l'écrire au pluriel, faut-il mettre un trait d'union, un « s » à pied ? Importun et gênant vous désarçonnez et ennuyez les gens, sans vergogne « en ne lâchant jamais l'affaire », Impatient, vous over-lancinez les autres jusqu'à ce que vous obteniez ce que vous voulez au mépris de la méthode et des moyens employés.

Laurence Bourgeois vous a classé en sept catégories de G : Geignard, Gétouvu, Girouette, Glandu, Grand Chef, Grobêta, ou Grognon. . Les anglais, plus indulgents, vous qualifient de « pain in the neck »

Votre méthode est efficace., épuisant la patience de vos interlocuteurs vous arrivez rapidement à vos fins. Satisfait d'obtenir à l'usure, ce que vous vouliez et que les autres ne souhaitaient pas, le gagnant... c'est vous !

Vous êtes CASTRATEUR

Autoritaire, vous aimez décider et imposer votre volonté. Prenant non sans un certain plaisir le contrepied de tout. Vous aimez réduire les possibilités et la liberté des autrui, détruire la confiance qu'ils ont d'eux-mêmes pour le seul plaisir de les en priver.

Vous abaissez les joies des gens en minimisant leurs mérites. « Tout le monde » (phrase fétiche qui renvoie chaque personne à une non-identité) ... « a son bac » dites-vous... (peut-être mais pas avec 17 de moyenne tout de même !).

Vous êtes un homme décidé indifférent à la souffrance des autres, genre chef de meute chez les loups. Beaucoup de métiers réducteurs, dits « de restructuration, » correspondent à votre personnalité.

Là où vous êtes très fort, c'est que par un curieux effet, cousin du syndrome de Stockholm, on recherche … votre approbation.

Vous êtes CATASTROPHISTE

Pessimiste confirmé, oiseau de mauvais augure, vous collectionnez soigneusement les nouvelles désastreuses pour les offrir aux autres.

Si vous évoquez le passé c'est pour mieux assombrir l'avenir. Votre mémoire infaillible vous remémore les dates sinistres brodées de détails : guerres, tsunami, épidémies… avec toujours bien sur le nombre exact de victimes.

Vous éprouvez un plaisir de bouilleur de catastrophe à distiller les drames et développer la sinistrose, comme si vous étiez jaloux du bonheur des autres. « Il y a dans le malheur des autres un petit quelque chose qui visiblement ne vous déplait point ». (La Fontaine probablement).

Historien dans l'âme, vous gardez la mémoire des évènements éprouvant une satisfaction certaine à parler tristement de choses graves et douloureuses. On vous trouve cultivé, sérieux, profond, et même intéressant.

Vous êtes CAUSTIQUE

Avec un humour d'inspiration britannique, mordant, acide, incisif, et satyrique, vous aimez semer le doute. Vos avis goguenards et corrosifs brûlent et vexent vos interlocuteurs désorientés.

Vous avez semble-t-il égaré la gentillesse et le bon sens, qui font partie du package de chaque humain.

Du haut de vos jugements sarcastiques, vous aimez faire grimper et trembler les naïfs, affoler les peureux, humilier les timides… et agacer ceux qui restent. Leur désarroi vous réjouit.

Didactique, en les exaspérant, vous obligez les personnes à réagir. On vous considère comme un être brillant (qui pourrait intelligemment se sentir blessé par un sot ?).

Vous êtes CAVALEUR

Menant vos aventures au trot, vous sautez les obstacles avec passion cherchant autant à plaire qu'à conquérir. Félicitations avec constance et organisation vous offrez une image séduisante, ce qui est socialement agréable. Vous vous intéressez aux gens, en tout cas c'est ce qu'ils ressentent. Sur le plan sportif et personnel, comme sur les chevaux il semble que vous aimiez aussi grimper sur les personnes.

Vous avez l'art de doser votre séduction pour ne pas effaroucher les timides et appréciez cette réflexion encourageante de Maurice de Talleyrand Périgord « Les femmes pardonnent parfois à celui qui brusque l'occasion, mais jamais à celui qui la manque ».

Vous apparaissez toujours de bonne humeur, élégant, sportif, dynamique et flatteur.

Vous êtes un CENSEUR

Intransigeant et fier de l'être, vous êtes un moraliste convaincu ayant à la fois l'âme d'un proviseur sévère et celle d'un critique implacable. Vous sentant investi d'une responsabilité de contrôle, sur les faits, les gestes, le comportement et les projets d'autrui, vous leur portez une rigoureuse attention.

Bien sûr si votre enfance s'est passée auprès d'un père gendarme, douanier ou directeur d'école, votre attitude est assez compréhensible.

Vous savourez l'envie de juger, d'analyser et de donner un avis que personne ne réclame. Vous êtes un observateur rigoureux et exigeant. On vous prend au sérieux, on vous respecte, on vous craint et comme c'est ce que vous souhaitez, cela tombe vraiment bien.

Vous CHANTEZ FAUX

Vous avez remarqué dans les lieux de culte, les cérémonies officielles… que des personnes se retournaient pour vous regarder avec une certaine curiosité et le désir perceptible de vous faire prendre conscience de l'imperfection de votre voix de casserole.

Vos tremoli et fausses notes, sont appréciés dans les enterrements comme l'expression d'une émotion vraie. Mais vous avez toujours la possibilité de faire semblant de chanter, les plus grands artistes ont utilisé le Play back. Rien ne vous empêche également d'envisager une carrière de chanteur, en vous produisant dans un pays éloigné ou les harmonies vocales sont perçues différemment. Chanceux vous êtes dispensé de chorale.

Florence Foster Jenkins : la Soprano qui chantait faux, et s'était produite au Carnegie Hall, est beaucoup plus connue mondialement que si elle avait gagné cent premiers prix de conservatoire.

Vous êtes CHATOUILLEUX

Sensible au frôlement d'une plume comme à toute émotion ou réflexion, fut-elle minime, vous redoutez que l'on vous chatouille et aussi que l'on provoque chez vous toute sensation d'agacement.

Vous pourriez devenir célèbre en trouvant la cause inexplicable de cette particularité : on ne peut se chatouiller soi-même ou plutôt en obtenir la sensation Ne dites pas que c'est parce que l'on s'y attend : quand quelqu'un vous chatouille, vous vous y attendez aussi et c'est désagréable

Il y a une solution : selon le Dr Emily Grossman si un chatouillement est insupportable il suffit de poser sa main sur celle du chatouilleur pour que la sensation désagréable disparaisse : affaire à suivre... Vous êtes un homme délicat et réactif, très sensible aux contacts.

Vous êtes un CHAUFFARD

Vous conduisez votre auto tamponneuse couverte de rayures avec l'incompétence de quelqu'un qui ne saurait pas le faire, repérant les chocs aux bruits, et aux éclats de voix.

Les contentieux des compagnies d'assurance se renvoient votre dossier, comme vous, les coups du volant.

Vous ignorez la méticulosité des chauffeurs angoissés, attentifs et gantés qui caressent leur volant en redoutant la plus fine rayure et la moindre imperfection.

On ne pense pas à vous emprunter votre voiture cabossée, être aperçu dedans serait trop disqualifiant.

Vous êtes CHAUVE

Vos cheveux ont fui votre crâne, n'en soyez pas surpris : souvenez-vous à votre naissance c'était pareil. Peu à peu votre chevelure s'étant clairsemée... vous avez pris l'habitude raisonnable d'éviter les poutres, les portes basses… les chocs répétés qui multiplient la douleur au carré.

Maintenant vous avez tout de même la chance d'avoir des dents et puis… être chauve c'est viril ! « Les femmes seront l'égale des hommes le jour où elles seront chauves et qu'elles trouveront cela distingué… » (Albert Capus, via Coluche).

En plus vous avez beaucoup de chance : la chauvitude aujourd'hui est tendance. Vous pouvez être quelqu'un de rare, lorsque vous souriez… les gens disent : « tiens regardes le chauve-sourit ! »

Vous êtes CHAUVIN

Fier de votre pays, vous avez fait de l'Amour de la France, votre religion et du nationalisme votre prière. Vous collectionnez les cocardes, les photos de la Tour Eiffel et des Monuments aux Morts. Dans l'entrée votre porte parapluie héberge le drapeau. National

Vous avez décrété, que ceux qui ne descendaient pas des gaulois avaient tort. Comme pendant la guerre vous avez prénommé vos enfants façon tweet : France-Aimée, Victoire-Désirée, Auguste-Paris… Tolstoï est un peu de mauvaise foi en écrivant que « le patriotisme c'est l'esclavage ». Julien Brenda moins connu mais de meilleure humeur dit que : « c'est l'affirmation d'une forme d'âme contre d'autres formes d'âme ».

Bon patriote, homme responsable, vous êtes tout à fait tendance en consommant « made in France » Intellectuellement, socialement et humainement, votre développement est durable.

Vous êtes CHICHITEUX

Disons simplement que vous êtes compliqué. Votre genre maniéré passe par la négation de la facilité. Vous

vous affirmez avec un excès de signes élaborés et vous sentez exister en vous différenciant. Honorant sans doute vos aïeux, vous rejouez des comportements familiaux, avec des rubans héréditaires, que rien ne vous empêche de nouer ou de dénouer selon vos envies.

La chichitisation en se noyant dans les détails, permet l'évitement dans des domaines plus graves. Persuadé de votre importance, et que cela vous convient, vous vivez emberlificoté dans un style festonné de volants et un mode de vie d'une brillante complexité... Heureux de vous trouver élégant, raffiné et précieux.

Vous êtes CLAUSTROPHOBE

Il n'est pas question de vous enfermer dans un raisonnement fallacieux. La claustrophobie est une vraie souffrance, des choses usuelles comme prendre le métro, l'avion ou simplement monter dans un escalator ou un ascenseur, se déguisent en épreuves insurmontables genre Fort Boyard en pire.

Vous n'êtes pas seul : 5% de la population souffre de claustrophobie et même des personnalités telles que Uma Thurman, Matthew Mc McConaughey, Jennifer Aniston, Woody Allen...

Profitant pleinement de votre logis, vous rentabilisez votre loyer par une présence constante, évitant ainsi le risque de recevoir un jour de grand-vent, un pot de fleur sur la tête. (En ce qui concerne les tuiles, il semble, que vous ayez déjà été servi).

Vous êtes COCU

Trompé par votre moitié, soudain devenue coquette, rieuse, pressée et d'accord avec tout ce que vous dites, vous avez fini par vous apercevoir « que vous n'étiez plus le seul à partager sa fidélité ». (Eugène Labiche).

Ce n'est pas un défaut direz-vous… mais si puisque c'est votre faute : soit vous avez choisi la mauvaise épouse, soit vous n'avez pas su retenir son exclusivité.

On peut être très classe dans cette situation que d'autres considèrent comme humiliante. Le Marquis de Montespan, apprenant que Louis XIV jouait à chat perché avec sa jeune épouse a orné le toit de son carrosse de cornes de cerfs

« Il vaut mieux être cocu que ministre… l'on n'est pas obligé d'assister aux séances ». (Léo Campion).

Vous avez la chance d'avoir une épouse affectueuse et sensuelle, qui vous offre un rôle magnifique : vous lui restez fidèle et méritez une auréole, vous la trompez et cela parait normal. ! La pire des choses ne serait-elle pas de vivre, comme certains, avec une femme dont personne d'autre ne voudrait ?

Vous êtes COLÉREUX

Volcan irascible en perpétuelle activité vous supportez mal la contradiction, et de façon générale les contrariétés. Avec une vraie mauvaise foi, vous minimisez vos actes, considérant qu'une gifle est un détail, et qu'il n'y a pas de quoi en faire un drame. « Si on ne peut plus rien dire… » Ajoutez-vous avec un haussement d'épaules en récupérant votre main.

Vous êtes devenu un pro du dialogue et de la réconciliation pour conserver la présence de vos proches. Grâce aux annonces immobilières vous pouvez trouver des habitations précédemment occupées par un notaire, un psychiatre… avec des murs insonorisés et des portes matelassées.

On ne peut vous reprocher d'être indifférent. Vous exprimez vos sentiments avec fougue et passion.

Vous êtes un COMÉDIEN

Sociétaire perpétuel dans la comédie humaine, intermittent du spectacle en version permanente, vous théâtralisez les scènes de votre vie. Devant la première difficulté vous montez sur les planches de votre imagination pour fuir les problèmes comme un chat saute sur l'armoire.

Improvisant avec emphase, vos gestes sont amples, rejetant soudain la tête en arrière comme si vous aviez des cheveux magnifiques.

Vous êtes un véritable artiste jouant sur la gamme des expressions avec le talent d'un Diplomate médaillé, façon plastron pare-balles. Vous utilisez votre talent pour exprimer vos émotions. Créatif oubliant le texte original, et dans quelle pièce vous jouez, vous improvisez brillamment pour parvenir à vos fins.

Vous êtes COMMUN

La belle affaire ! il est normal d'être ordinaire, qui oserait affirmer que les noms communs ne sont pas propres alors que certains en majuscule sur fond rose dans le dictionnaire, ne le sont pas toujours (cf. Adolphe H.)

Vivant au naturel, (comme des petits pois en bocal), il peut vous arriver de faire du bruit en mangeant, de prononcer des phrases qui partant d'une bonne intention, ont mauvaise réputation : « au plaisir », « bonne continuation… »

Ceux qui critiquent votre absence de sophistication, pourraient tout de même vous remercier de leur offrir par comparaison un P.P.P. (petit piédestal portatif).

Même si certains précieux qui se sentent plus chics que vous, n'ont pas besoin de forcer le trait pour être ridicules.

Vous êtes un être humain normal et vrai. Pouvant saucer, ignorer certains accords de grammaire ou d'éducation sans perdre votre confiance en vous, votre identité ni vos qualités.

Vous êtes COMPLEXÉ

Peu sur de vous, timide et inhibé, vous balançant d'un pied sur l'autre, vous vous analysez de façon partiale. Mécontent de qui vous êtes, puisque vous ne vous entendez pas avec l'impression que vous avez de vous. Une mauvaise auto-évaluation vous gâche la vie.

C'est peut-être de l'orgueil qui a mal tourné lorsque vous étiez adolescent, ou une avalanche de réflexions blessantes et non fondées qui vous ont gâché la vie

Vous êtes aussi intéressant par vos qualités que par ces défauts, que vous surévaluez ? Vous êtes exigeant, et accordez au jugement des autres une hyper attention. Doutant de vous, vous cherchez sans cesse à vous corriger, c'est intelligent.

Vous êtes COMPLIQUÉ

C'est simple : confus, difficile à décrypter, vous ajoutez des décimales au chiffre 1 que vous écrivez 1,0000. Avant d'entreprendre quoi que ce soit vous pensez aux conséquences de futures circonstances, ce qui est inadapté lorsqu'il s'agit de coller un timbre.

Votre vie est embrouillée, vos projets pas très clairs ont tant de précisions qu'ils en deviennent irréalisables. Vous imaginez des extensions d'intentions, partout. Les paramètres de ces variantes vous épuisent. Votre cerveau est embouteillé comme les ordinateurs de la RATP au moment de la prime de Noël.

La simplicité qui vous épargne est souvent pour d'autres une source de frustration. Vous êtes véritablement analytique, nageant avec art dans la difficulté, vous plongez au milieu des détails sans vous noyer.

Vous êtes CONDAMNÉ

Entre vous et la loi c'est devenu conflictuel : que vous ayez pris, l'autoroute dans le mauvais sens ou défiguré un voisin bruyant…

Vous ne vous souvenez pas des faits, c'est de famille : votre grand-père ayant oublié qu'il était marié s'est installé chez une autre dame. (Votre grand-mère disait « une autre personne » : la dame, c'était elle…).

Vous êtes la seule personne à connaître votre vérité. En plaidant votre cause comme s'il s'agissait de quel qu'un d'autre vous devenez votre propre avocat.

Reconnu comme un homme célèbre, vous êtes présent dans les fiches de la police et votre casier judiciaire est noirci d'autographes. Si les choses tournent mal considérez votre emprisonnement comme un stage, un tournage de série policière, ou une expérience originale et inédite.

Vous êtes CONDESCENDANT

Ce mot commence… et s'articule mal. Vous montez dans votre estime en descendant dans celle des autres.

L'air délicatement navré, vous les toisez, avec un dédain perceptible et un agacement certain, écarquillant les yeux de façon incongrue comme sur le marché, devant un poisson qui ferait des clins d'œil.

Méprisant les gens sans raisons vous le leur faites savoir avec un didactisme agacé et distant.

Vous vous sentez très à l'aise estimant que votre style prétentieux vous donne des airs « classe » de la personnalité et beaucoup de grandeur. Votre désir d'inciter les autres à atteindre votre niveau... vous classe (en liste d'attente) parmi les bienfaiteurs de l'humanité.

Vous êtes CONFLICTUEL

Que vous collectionniez les disputes ou que vous les attiriez le résultat est le même : antagoniste de la paix vous êtes un utilisateur acharné de la contradiction.

Toute situation est pour vous prétexte à en prendre le contrepied pour ouvrir le feu. Vous exercez votre particularité dans la rue, les magasins, les transports en commun, au cours des repas de famille dans votre job, ce qui vous a valu d'être externalisé du bureau paysager pour un autre tout petit au bout d'un couloir.

Vous avez du pouvoir et de l'influence : les querelles que vous imposez laissent des tatouages dans la mémoire délicate et l'émotivité de vos interlocuteurs.

Vestale dans l'âme vous ne laissez pas le tison des conflits s'éteindre. Vous êtes un pro de l'échange verbal. On ne s'ennuie jamais avec vous. Vous avez l'art de renouveler, de faire rebondir et s'entrechoquer les idées.

Vous êtes CONFORMISTE

Avec une bonne volonté touchante, vous faites ce que vous croyez devoir faire c'est à dire... ce que vous pensez que l'on attend de vous. Vous vous conformez sérieusement aux usages de la société ce qui vous rend ennuyeux comme un devoir de vacances

Vous avez cependant la liberté de changer de continent : les chinois, indiens… dont vous ignorez les usages et les normes, ne vous jugeront pas comme un homme statique et vous apporteront l'intelligence et la culture d'autres façons de vivre avec une version différente des relations humaines.

Vous avez le sens de l'équilibre et celui de la rigueur. L'administration est satisfaite de votre aptitude à trouver rapidement la sortie de ses labyrinthes. Si tout le monde était comme vous, il y aurait peu de violences et de catastrophes.

Vous êtes CONFUS

Votre écheveau de vie est embrouillé : vous racontez une histoire en commençant par la fin, vos idées se télescopent. Expliquant les choses dans le désordre, la logique de votre comportement ne saute pas aux yeux. Vous avez une façon d'analyser les choses que l'on rencontre chez certains psychiatres cyclothymiques.

Comme pour un texte égyptien, cyrillique ou sanscrit, décrypter ce que vous dites ou faites, demande une vraie application et peut donner lieu à des erreurs d'interprétation.

Pensant souvent à plusieurs choses à la fois, vous laissez libre cours à votre imagination. Vous êtes riche d'un grand nombre d'idées que la plupart des autrui n'est pas capables d'émettre ni de comprendre, ce qui prouve clairement à quel point vous leur êtes supérieur.

Vous êtes un CONSPIRATEUR

Amateur et créateur de complots, descendant de Ravaillac par feu l'ancêtre du coiffeur de Charlotte Corday, vous cherchez à démolir l'ordre établi et éventuellement, la vie de certaines personnes qui vous dérangent.

Vous décidez et imaginez sereinement vos actions, que ce soit avec vos amis, votre famille, vos collaborateurs, lançant des informations vraies ou fausses, vous étudiez leurs réactions.

Persuadé de votre vocation de redresseur d'histoire, et chargé d'une mission essentielle vous ne doutez jamais du bien fondé de votre action. Vous avez l'âme d'un souverain. « On ne peut régner innocemment. Tout roi est un rebelle et un conspirateur » (L.A. de Saint Just).

Vous êtes CONTESTATAIRE

Perturbateur contrariant, vous avez la fantaisie dès que vous arrivez dans un endroit, de remettre en cause sans raisons, juste pour le plaisir, les faits, les décisions et les valeurs de chacun. Vous êtes le spécialiste des pétitions enflammées, des manifestations tapageuses et de toute action contraire à l'ordre public.

Vous fuyez l'ambiance safranée des bouddhistes, qui cultivent le lâcher prise dans des jardins de bambous.

Passionné, vous intervenez en permanence pour donner votre avis. Vous aimez argumenter la contradiction en agitant un bâton, comme Guignol. Persuadé d'avoir raison vous défendez haut et fort vos droits et ceux des autres. Tout point de vue ayant son intérêt, vous êtes fier d'avoir (en partie) raison.

Vous êtes CONTRARIANT

Dérangeant, fâcheux et gênant, vous prenez un réel plaisir à contrecarrer toute idée qui ne vient pas de vous. En prenant le contrepied de tout, vous retournez la situation comme une chaussette. Décortiquant les évènements, vous éprouvez la joie de semer et faire pousser des graines de frustration autour de vous.

On choisit une pizzeria vous réclamez un restaurant chinois. Vous ouvrez la fenêtre quand il pleut, Critiquant beaucoup, avec toujours de bons arguments et de merveilleuses raisons.

Ressemblant au héros du film Little Big Man dont le cheval avance à reculons, vous avez l'art de mettre en valeur l'envers des idées. Avec le sens de la contradiction et de la riposte, vous avez le courage de vous opposer juste pour la joie de créer et d'exprimer un avis contraire.

Vous êtes CONVENTIONNEL

Sérieux et conformiste vous vous soumettez aux conventions sociales que vous respectez. Détestant vous faire remarquer, l'idée de choquer vous détruit le moral. Changer vous effraye : vous restez immobile sur le quai de votre destin (formule conventionnelle comme vous le voyez).

Chez vous tout est analysé, numéroté, classé, puis estampillé : correct ou pas ce qui pour les autres correspond à oui ou à non.

Vous avez la chance insolente, en ne l'étant pas, d'aimer ce qui est ennuyeux et d'aller sereinement dans le sens obligatoire de ce qui vous convient.

Vous êtes naturellement sérieux équilibré, rassurant et prévisible comme vous aimez l'être. On peut compter sur vous et... vous aussi, pouvez le faire.

Vous êtes CONVENU

Conforme et prévisible, soucieux d'élégance grammaticale, vous dites « nous sommes convenus.... quand les autres utilisent le verbe avoir. Passons sur cet important détail. Il ne faudrait pas toutefois que l'on coupe votre qualificatif en deux.

Vous êtes un maître dans le sauvetage des apparences. Disant calmement sur votre lit d'hôpital : la route était un peu glissante (tout le monde sait que vous buvez, que vous voyez mal le jour et encore moins bien la nuit).

Votre éducation vous a préparé à vivre les situations les plus variées avec la même attitude posée. En anglais vous êtes « agreed » c'est cela agrée par la société, conforme à ce qu'il convient d'être.

On admire votre sérieux et votre solidité. Vous avez le sens des conventions et l'art de respecter les usages.

Vous êtes COQUET

Attentif à votre tenue, vos manières et vos gestes, pimpants et raffinés, vous faites ce qu'il faut pour être agréable à regarder et en être content. Le résultat assez chic est imperceptiblement optimiste en affichant avec harmonie une certaine joie de vivre.

Les peu soignés, classiquissimes et démodés vous détestent, vous traitant de gravure de mode et cela vous amuse. Vous leur renvoyez par comparaison une image paresseuse et un peu soldée d'eux-mêmes.

Apparaissant comme un exemple d'élégance, vous avez la rigueur d'accepter et de vous conformer aux contraintes exigeantes qu'imposent l'harmonie et l'élégance. Votre image vous accompagne partout et vous soutient vous pouvez compter sur elle.

Vous êtes COSSARD

Paresseux en version fainéante vous faites la chasse aux contraintes.

Ayant vu dix fois « Alexandre le bienheureux » d'Yves Robert, vous êtes devenu brillant dans l'art d'éviter les efforts, vous faisant livrer des carottes râpées, des desserts sous blister et du shampooing 5 en 1. Vous aimez l'automatisme des télécommandes… et tout ce qui minimise l'effort.

Débrouillard dans la fainéantise, certaines de vos inventions mériteraient de figurer au concours Lépine. Vous connaissez grâce à la sérendipité, la surprise que l'on éprouve après avoir découvert sous l'effet du hasard, sans se donner la moindre peine, quelque chose que l'on n'avait pas prévu.

Vous êtes cool, à l'abri des accidents causés par la précipitation. Vous casser un poignet ne sera pas dramatique puisque vous vous en servez finalement assez peu.

Vous êtes COUARD

Froussard, peureux, pleutre et craintif, vous vous protégez en permanence. Le mot audace et le mot courage ne vous disent pas grand-chose. Ce n'est pas nouveau, à six ans déjà, vous étiez poltron.

Un bruit et vous claquez des dents, deux vous êtes sous le lit, trois, on vous retrouve paralysé d'émoi. Un claquement de pétard est suivi d'un traitement anxiolytique.

Vous redoutez le 14 juillet et ses feux d'artifice, tout bruit pouvant en cacher un autre. Ne supportant pas les escalators, le poisson cru et la foule, on ne vous verra pas à l'inauguration d'un restau sushi bondé en haut d'une tour.

Votre angoisse vous protège. La prudence vous évite les risques inutiles. Vous n'avez pas l'inconscience de vous mettre inutilement en danger. Votre fragilité vous rend émouvant. « Mieux vaut être couard une minute que mort tout le reste de la vie ». (Proverbe Gaélique).

Vous êtes COUCHE TARD

Vous aimez les longues soirées, qui allongent les jours comme des robes du soir, regarder le ciel, lire, danser et refaire le monde à l'heure où les personnes portent leur visage vrai. Vous regagnez votre lit au petit matin, ayant profité du sombre silence étoilé qui permet de se retrouver, de faire le point et de rêver.

Après avoir réveillé les canalisations, (bruyantes la nuit, inaudibles le jour), vous tombez sur votre lit, laissant glisser le livre que vous auriez pu lire et sombrez dans un sommeil de bûcheron. Il n'y a que les couche tôt pour vous reprocher de vivre si tard.

Vous savez profiter de la magie délicate de la nuit, et de son calme céleste sans devoir vous aligner sur le fuseau horaire de Greenwich. C'est une sorte de luxe qui vous est réservé.

Vous êtes un COUCHE TÔT

Proche de la nature, vous vivez au rythme du soleil. Le matin vous réjouit par sa fraicheur, dès potron minet (potron : le renard, minet… on va dire son dos) : = quand le renard sort de sa tanière, vous êtes debout plein d'énergie et de projets profitant de la fraicheur acidulée de l'aube.

Les choses difficiles hier sont devenues soudain, claires et faciles. A la lisière du soir, vous baillez. Des bribes de la conversation s'échappent, votre esprit se promène et s'absente.

Il n'y a que les couche-tard dérangés dans leur sommeil et généralement de mauvaise humeur à leur réveil, pour trouver que c'est un défaut de se lever tôt. Votre exemple agaçant ternit leur moral d'un halo de mauvaise conscience.

A huit heures du matin vous avez le contentement joyeux d'avoir déjà réalisé plein de choses.

Vous êtes CRÉDULE

La méfiance vous est inconnue. Avec un enthousiasme touchant, vous croyez tout ce que l'on vous dit et tout ce qui est écrit et que, les animaux dans leur simplicité naturelle vous ressemblent. Vous aimez les choses simples : les contes de fées, les promesses irréalistes des marketeurs…

L'idée que des intentions ne soient pas généreuses, que des plantes vertes ne fabriquent pas « un air pur comme au sommet des alpes », que des trèfles quadrifoliés ne portent pas bonheur… ne vous traverse pas l'esprit. Les histoires compliquées vous déstabilisent.

Les escrocs les démonstrateurs à la sauvette… et en règle générale tous ceux dont l'honnêteté s'est fait la malle s'intéressent à vous. Vous avez la vraie générosité de prêter aux autres de bonnes intentions et le bonheur de croire dans des valeurs simples et droites.

Vous êtes CRITIQUE

Vous émettez des opinions tranchantes et donnez votre avis sur tout. Personne ne trouvant grâce à vos yeux, vous saupoudrez vos phrases de termes négatifs avec une expression sérieuse et un plaisir certain. Ainsi vont en se trémoussant vos avis sur les choses.

Vous jugez les autres parce que d'une façon ou d'une autre ce qu'ils sont et ce que vous n'êtes pas vous dérange.

Les jugements que vous formulez vous permettent de vous situer. Généreux vous vous intéressez vraiment aux autres en leur faisant cadeau de vos observations. Vous les aidez à prendre conscience de ce qu'ils font et d'en déduire ce qu'ils devraient faire.

La critique parfaitement formulée, douillette et agréable comme de la crème chantilly, est un art. « Ayez le culte de l'esprit critique » Joseph Pasteur.

Vous êtes CRUEL

Collectionneur de canifs pointus et de larmes, vampire délicat, vous buvez le sang transparent qui coule des caroncules de vos victimes. L'araignée est votre symbole, tissant patiemment des toiles comme vous, pour y attirer ses proies. Vous cherchez en permanence à mesurer votre pouvoir à travers les attaques, méchancetés et blessures que vous infligez de préférence à des personnes que vous jugez faibles ou vulnérables.

On se souvient de vous... non sans une certaine peur mêlée d'admiration, d'ailleurs vous savez être fascinant. Et puis avec du recul ce que vous avez fait peut paraître finalement intéressant, moins grave et même distrayant.

« La cruauté n'est peut-être qu'une impossibilité absolue d'éprouver de la pitié et une tentative désespérée pour éprouver de l'amour ». (Marcel Jouhandeau).

Vous êtes CUPIDE

Détecteur à métaux sur deux jambes, avide et impatient, vous cherchez âprement à gagner le moindre centime. N'ayant pas honte de ramasser dans les transports en commun les billets de grattage et autres loteries au cas où… faisant peu de cas de l'intelligence d'autrui.

Vous notez les lieux et dates de toutes les dégustations gratuites, et vous y rendez joyeusement comme à un cocktail.

Vous avez le sens de la gestion financière et les qualités d'un rapace. Une fonction dans la finance vous permet de réussir. Que de joies passées et futures vous sont offertes par votre attention particulière à la valeur des choses et votre intérêt pour le profit.

Vous êtes CURIEUX

Intellectuellement être curieux c'est bien, ce qui l'est moins c'est de l'être dans la vie des autres, en vous introduisant dans des affaires privées, en écoutant aux portes et toutes vos autres indiscrétions dignes d'un mauvais détective.

Evitant de vous recentrer sur votre propre vie, vous vous promenez forfaitairement dans celle d'autrui.

Vous intéresser aux personnes avec application et sérieux, vous a permis d'apprendre plein de choses sur elles, que les autres ignorent

« Être curieux, c'est une nouvelle façon de s'instruire ». (Alexandre Cardello).

« On n'est curieux qu'a proportion qu'on est instruit » J.J. (Rousseau)

Vous êtes CYNIQUE

Du grec kénose chien... (Les cynophiles apprécieront !). Ayant des évènements un avis insensible, effronté, éhonté, et railleur, vous êtes perçu comme une personne cruelle en version perverse. Votre état d'esprit mi-blasé mi-railleur vous conduit sur des pentes dangereuses. Vous blessez en riant indifférent au chagrin d'autrui, et continuez sans tenir compte de la réaction provoquée.

« Qu'est-ce qu'un cynique ? c'est un homme qui connaît le prix de tout et la valeur de rien ». (Oscar Wilde).

Vous êtes négativement réaliste. Les fragiles, les déprimés, les susceptibles et les pleureurs vous redoutent : tant mieux.

Ne vous prenant pas les pieds dans le tapis liturgique de votre conscience, vous ignorez ce qu'est le remords et vivez en paix avec vous-même.

Vous êtes DANGEREUX

Indifférent à la notion de risque, peu prévisible, violent et nuisible, vous êtes redoutable, donc à éviter absolument. Votre imagination dans le secteur de l'imprudence est inusable. Vous expérimentez sans réfléchir n'importe quoi avec excès. Vous feriez boire de l'eau bénite à un incroyant ou du white spirite à un peintre, juste pour voir, pour rire et la curiosité d'en connaitre la suite.

Votre réputation qui vous suivait avant, maintenant vous précède. On vous trouve inquiétant, insensible et cruel.

Votre personnalité affirmée et libre fascine. Attentif à vos faits et gestes, on vous observe, on vous craint donc on vous respecte. La peur que vous inspirez, vous

donne des ailes en vous rassurant sur votre pouvoir et surtout vous fait plaisir et vous distrait.

Vous êtes DE MAUVAISE FOI

Votre version des faits diffère de la réalité. Refusant de reconnaitre vos erreurs, vous êtes persuadé d'avoir toujours raison.

Tel un gâteau très bourratif, la mauvaise foi est difficile à digérer pour les autres. N'admettant aucune contradiction elle se moque des preuves qu'elle chasse en riant d'un revers de main agacé.

Votre comportement montre votre difficulté à vous remettre en question et votre impossibilité à accepter le bon sens de la réalité.

Vous êtes de façon indiscutable persuadé d'avoir toujours raison et n'en faites pas mystère. Votre esprit s'affute au fur et à mesure de vos argumentaires qui progressent en qualité. « La mauvaise foi est l'âme de la discussion » (Nestor Roqueplan).

« On appelle "mauvaise foi" les convictions d'autrui qu'on ne partage pas ». (Philippe Bouvard).

Vous êtes DÉBAUCHÉ

Descendant supposé des Borgia, votre conscience élastique lavable en machine, ne garde aucune tache ni aucune trace du passé, excepté sans doute quelques souvenirs érotiques et, dans un coffret de velours rouge, des lettres interdites et sans doute des photos. Votre lit défait accueille de nombreux passagers.

« La débauche est l'aristocratie du vice et le libertinage en est la démocratie ». (Charles Joseph de Ligne). Votre absence de responsabilités pour assouvir vos envies fascine de même que votre connaissance des choses dont on ne parle pas.

Vous avez le charme des personnes scandaleuses qui profitent des plaisirs en bravant leur conscience, au mépris du qu'en dira-t 'on.

Vous êtes DÉBILE

Qualifié de faible de stupide et d'idiot, manquant de savoir-faire, vous êtes souvent au bord de la crise de foi en l'avenir. Surtout que personne ne croit en vous et vous le fait savoir. Sauf peut-être une petite grand-mère admirative qui a déjà un pied dans le ciel et vous protège de son indéfectible affection.

Quand on vous traite de débile, ce qui signifie faible, fragile, lymphatique, stupide et idiot, c'est parce que en réalité on vous reproche des idées non labellisées, imprévues, un style moins efficace, plus lent, et que cela dérange.

Mais ne vous en attristez pas, (la méchanceté ne salit que celui qui en fait usage). Vous avez la richesse de connaitre d'autres paysages et l'opportunité de vivre dans votre monde à vous. Vous êtes différent des autres, donc unique et peut-être génial.

Vous êtes DÉBONNAIRE

Bienveillant et complaisant, bon jusqu'à la faiblesse, vous acceptez tout ou presque par paresse et surtout pour avoir la paix. L'agressivité et la méchanceté vous sont inconnues, lorsque vous les rencontrez, vous ne les reconnaissez même pas.

Comme chacun sait, le terme de débonnaire fut inventé pour qualifier Louis le Pieux « le débonnaire » qui en souriant accepta d'agir contre ses principes, tout en demandant pardon à genoux de ce qu'il avait fait. (Comme si sa conscience était bilingue). Les anglais plus cool fermèrent les yeux et le décorèrent de la Red

Cross en 816 (alors que la croix rouge n'existait pas encore, vous voyez… quelle histoire !).

Vous êtes conciliant (forme tranquille pensez-vous de la générosité). Les heurts et la violence vous fuient.

« Heureux les débonnaires » dit la Bible. Peu importe ce que l'on en pense, mais votre vie est agréable, douce et consensuelle.

Vous êtes DÉBORDÉ

Enervé, confus et pressé, bousculé, dépassé, occupé et surchargé, vous êtes overbooké. Envahi par mille connexions simultanées, vous commencez dix choses à la fois et n'en terminez aucune. Le stress est votre moteur, vous ressortez de ce trop-plein d'activités emmêlées, épuisé et mécontent

Vous agissez avec conviction, même si on n'est pas d'accord on évite de vous contredire. Vous êtes considéré comme un bourreau de travail entreprenant et dynamique. A côté de vous chacun se sent paresseux, maladroit, inactif et admire votre implication et votre ténacité.

Vous êtes DÉCEVANT

Ce petit mot renferme de la part des personnes qui vous en affublent, un mélange de déception, de trahison, l'impression que vous n'avez pas su anticiper… Que ce soit après avoir peint un mur de votre chambre en rouge vif, (ce qui ne rend pas du tout comme sur le catalogue) ou que vous ayez offert à votre Mère, le même cadeau de Noël, que l'année dernière ou qu'à son oncle de 96 ans… vous n'avez pas été à la hauteur de ce que l'on pensait.

On attend de vous le minimum : tant mieux, vous échappez ainsi a tellement de contraintes. Et puis rien ne vous oblige à vous mettre au diapason des autres.
« L'homme est souvent décevant, mais parfois époustouflant ». Olivier De Kersauson. Vous concernant il est possible que les parfois se renouvellent souvent !

Vous êtes DÉCOURAGÉ

Le courage d'entreprendre est parti on ne sait ni ou, ni pourquoi, emportant dans son cartable votre enthousiasme et vos projets. Vous avez laissé tomber vos envies en les regardant partir sans les retenir, délaissant les choses les plus banales que vous faisiez avant : le programme de la télé est ouvert à une mauvaise page. Dans votre fridge les pomme vont bientôt fêter leurs six mois de présence dans le bac à légumes.

Laissez le courage et sa couronne de lauriers défraichis aux tarzans ridicules dans leurs peaux de bêtes. Cette période est pour vous comme l'hiver pour la nature : une période indispensable pour profiter de l'instant, et vous laisser vivre en vous resourçant.

Vous êtes DÉFAITISTE

Dans votre tête les drapeaux de la victoire sont en berne. Pessimiste, habitué aux échecs, il semble que vous n'ayez pas plus confiance dans la réussite des choses que vous entreprenez que dans l'avenir que vous imaginez bouchonné comme du vin d'occasion.

Buvez du champagne comme Napoléon « qui le méritait en cas de victoire, et en avait besoin en cas de défaite ». Ne trichez pas en buvant du cidre, ce qui selon l'expression, ne vaudrait pas le coup.

Pro du découragement, habitué à la désolation, vous supportez les déceptions mieux que quiconque ce qui vous offre des jokers en cas de problème. *« Agissez comme s'il était impossible d'échouer «* (Marcel Achard).

Vous êtes DEMEURÉ

Innocent, nigot, bec jaune, benêt, abruti... ces appellations non contrôlées vous servent de prénom Vous demeurez dans un monde à part qui n'appartient qu'à vous. Vous avez vos occupations, vos habitudes, vos croyances et vos valeurs, accompagnées d'une petite absence d'énergie, de curiosité et d'ambition.

On vous reproche de vivre en retrait, d'être ignorant, incapable d'exprimer clairement vos idées et aussi de ne pas vous intéresser à celles des autres.

Qui pourrait se permettre de vous blesser sans risquer que cela puisse lui porter malheur ? Personne ne vous jalouse. Vous avez droit à une certaine compassion et à des petites formes d'amour : on veille sur vous, on vous protège, on vous console de temps en temps.

Vous êtes DÉMODÉ

Anachronique, traditionaliste, vous n'êtes plus à la mode. Votre présent est passéiste. De vos manières désuètes à vos phrases en velours et vos tenues vieillottes tout est vintage.

Vous avez les qualités, traditionnelles d'un homme « d'autrefois » comme on en voit sur les photos anciennes. Votre comportement a un charme old fashioned. Vous êtes vintage donc tendance et recherché car très actuel dans votre décalage

« Ce qui n'est pas éternel est éternellement démodé ». (C. Lewis). Répondez à ceux qui critiquent votre style ce qu'en a dit un prince de l'élégance « La mode est ce que l'on porte., ce qui est démodé, c'est ce que portent les autres ». (Oscar Wilde)

Vous êtes DÉPENDANT

Votre autonomie incertaine vous rend attaché à des croyances, subordonné à des habitudes dont vous êtes devenu accro. Balle de tennis devenue jokari vous revenez toujours au même endroit, alors que vous voudriez rebondir librement ailleurs. Ou alliez -vous ? ou voulez-vous aller ?

Par une sorte d'addiction vous échappez involontairement à votre volonté profonde. Comme si, par inattention, vous utilisiez le mode d'emploi de quelqu'un d'autre.

Vous êtes l'un des membres du plus grand club humain : celui des personnes dépendantes assujetties à des besoins précis. Le manque que vous éprouvez est une expérience très dure mais passionnante intellectuellement et psychologiquement par l'accès volontaire que vous avez à des zones interdites.

Et vous éprouvez un vrai bonheur ! lorsque vos envies sont exaucées et satisfaites ou à l'inverse, que vous avez oublié de vous en souvenir.

Vous êtes DÉPENSIER

Votre carte bleue dans une main, votre chéquier dans l'autre, l'argent liquide coule entre vos doigts. Est-ce de votre faute si tout coûte aussi cher ? ce n'est pas vous qui fixez les prix.

A ceux qui vous reprochent votre mauvaise gestion vous pouvez répondre comme H.G. Wells « ne me parlez pas de mes dettes, à moins que vous ne vouliez les payer ».

Être dépensier c'est être généreux (avec les commerçants et avec soi-même). Au lieu de dissimuler votre argent dans un établissement bancaire qui ose vous facturer d'improbables frais., vous préférez le confier à des personnes qui aimablement vous offrent quelque chose en échange, dans une sorte de troc gagnant/gagnant.

Vos proches n'ont aucun souci à se faire pour l'avenir « Qui meurt paie ses dettes » (Shakespeare).

Vous êtes DÉPRAVÉ

Perverti vous avez chiffonné et jeté votre conscience par-dessus les moulins. Votre plaisir, même un peu hors la loi, est l'une des priorités de votre vie. Libertin, vous êtes jugé avec sévérité comme un concupiscent sybarite. Un certain M. Benoit dit de vous que « vous êtes celui qui descend le cours ascendant des plaisirs ».

Les rigoristes, les classiques et les conventionnels vous fuient. Votre plaisir, maquillé par les fards de l'imagination que l'on prête aux fantasmes, leur est insupportable.

Vous êtes humain, jouisseur et audacieux en version déculpabilisée. Sans vous les sages n'auraient aucun mérite à l'être. Lancez le verbe « praver » qui pourrait signifier profiter de la vie avec hédonisme, élégance et humanisme. Ce qui constituerait en plus d'un néologisme, les statuts d'une belle façon de vivre.

Vous êtes DÉPRIMANT

Aspirateur à joyeuseté, balai à bonheur, plumeau à poussières de gaité, vous laissez après votre passage des personnes navrées et désolées, affalées sur leur manque d'énergie, vides comme un jardin déshabillé par l'hiver.

Vous évoquez la tristesse des difficultés, prévoyant que l'avenir ne s'arrangera pas… et même au contraire qu'il risque de piquer du nez. Contrairement au déprimé, ce n'est pas vous qui êtes atteint d'une passivité triste, mais les personnes que vous contaminez.

Vous êtes soulagé de faire porter votre sac à dos par d'autres, heureux de nager dans la morosité en éclaboussant les esprits fragiles… Les déprimés vous considèrent comme leur chef.

Vous êtes particulièrement honnête avec votre air désolant en n'affichant jamais une joie factice. En plus c'est plutôt distingué.

Vous êtes DÉPRIMÉ

Vous vivez avec mélancolie une existence terne, sans aucune trace d'optimisme (probablement retenu ailleurs par quelque fête joyeuse).

C'est mathématique, vos soucis sont multipliés par deux et vos joies divisées par quatre. N'écoutant pas les conseils des personnes qui vous aiment et souhaitent vous voir sortir de votre mal être, vous persistez dans la tristerie que vous ressassez en boucle.

De quoi pourriez-vous vous plaindre ? Statistiquement les choses ne peuvent que s'arranger, attendez de pied ferme un avenir positif. Le découragement vous donne un air profond et vous confère le très agréable et subtil pouvoir de culpabiliser les autres

Vous êtes DÉSABUSÉ

Il semble que les milliers de jours que vous avez vécu dans le passé n'aient pas été en mesure de vous donner confiance en l'avenir.

Prévoyant, vous protégeant de la désillusion, vous n'avez pas collectionné les espérances en papier mâché ni accordé d'attention aux horoscopes enjoués.

Aigri, découragé, déçu, dépité, désenchanté, désillusionné, lassé ou mélancolique, vous avez le droit comme tout homme de ne pas être sensible aux joies réconfortantes de la pétanque et du pastis.

Vous avez le désenchantement élégant et profond, que l'on trouve chez certains grands hommes philosophes ou politiques et qui a contribué largement à leur célébrité. « Être raisonnable c'est être désabusé » (Phèdre)

Vous êtes DÉSARGENTÉ

Vous vivez dans un écrin vide. Telle une petite cuiller ancienne, l'argent vous a plaqué, laissant chez vous les traces pâles d'une ancienne opulence.

Vous pensez que vous méritiez mieux et que ce n'est pas juste. Culpabilisant sur votre impécuniosité vous regrettez ce que vous avez perdu et la façon dont cela est arrivé.

Vous n'avez pas tout perdu : Il y a tant de richesses gratuites à votre disposition, comme d'observer de jolies choses... être fier de vous, espérer un avenir plus brillant.

Emballé de souvenirs riches, vous êtes capable de vivre avec peu de choses. L'affection de vos amis est sincère ils ne sont pas intéressés par votre argent, puisque vous n'en avez plus.

Vous êtes DÉSAXÉ

Certains faits ont faussé l'axe de votre personnalité et de votre jugement. Vous êtes une personne différente des autres, votre point de vue est changeant. Désorienté, désemparé, déphasé, vous souffrez d'une certaine déstabilisation. Arrêtons là cet état des lieux, c'est déjà assez pénible comme cela pour vous, sans y ajouter des superlatifs désobligeants.

Vous êtes intéressant par la façon dont vous avez poursuivi votre parcours et enjambé embûches et croche-pattes. Vous prouvez qu'il n'y a pas qu'une seule façon d'exister autour d'un axe formel.

On envie le courage et la liberté que vous apporte le fait de réussir à vivre dans un équilibre instable.

Vous êtes DÉSINVOLTE

Manifestant une liberté impertinente qui provoque haussements d'épaules et agacement, vous vous permettez ce qui ne l'est pas, riez de tout et ne vous souciez de rien. Vous vivez de façon informelle, comme si vous dansiez avec une joie insolente sur un grave De Profundis.

Votre tournure d'esprit est intéressante même si elle est souvent mal perçue.

Il y a dans votre personnalité beaucoup de gaité et d'optimisme. Votre côté spirituel et anticonformiste est certainement facile à vivre pour vous, et quoiqu'ils en disent, distrayant et drôle pour les autres.

Vous êtes DÉSOBEISSANT

Têtu et insoumis, vous faites ce qui vous chante sur un air, que ceux qui devraient avoir de l'autorité sur vous, ne trouvent pas très harmonieux.

Sous prétexte de liberté, vous rejetez ce que l'on vous dit comme un cheval se débarrasse en deux secondes de son cavalier. « Le corps cessa d'être soumis, dès que l'esprit fut désobéissant » (Bossuet). Les conseils et les ordres, mal accueillis dans votre tête, s'envolent par vos oreilles. N'écoutant pas vous ne retenez rien.

Vous faites librement ce qui vous convient en sortant des contraintes formelles. Votre dynamisme, votre inventivité, votre courage et votre audace, suscitent l'admiration et des ombrelles de jalousie.

Vous êtes DÉSORDONNÉ

La fée de l'organisation n'habite pas chez vous, les choses ne sont jamais à leur place, les objets sans mode d'emploi n'ont pas trouvé le leur. Votre décor est plus encombré, que celui d'un dépôt vente.

Trouver une chose précise, dans cette ambiance « braderie » ressemble à un jeu de piste. Le succès n'est pas assuré, il faut une heure pour ranger ce que vous avez mis cinq minutes à désordonner.

Un beau désordre est un effet de l'art » (Boileau) qui probablement ne vous a jamais rendu visite. Votre indépendance trouble et fascine les organisés et déstabilise les maniaques qui n'avaient jamais imaginé une telle variante de la liberté.

Vous êtes DÉSORGANISÉ

Peu structurée et même pas du tout, votre vie est chahutée, perturbée et souvent bouleversée par l'adaptation imposée entre la réalité et les paramètres emmêlés de votre caractère. Plusieurs fuseaux horaires horlogent votre existence. Le fil directeur de vos projets s'est embrouillé.

Faire les choses dans le désordre, vous prend beaucoup d'énergie et de temps. C'est parce que vous n'anticipez pas, que vos projets jouent à saute-mouton. Vous ressortez découragé de ces efforts inutiles.

Vous avez la générosité de ne pas être obsédé par les résultats, de prendre les évènements comme ils se présentent, et de ne pas vous essentialiser.

Sans doute accordez-vous aux autres la place qui reste libre dans vos importances. Il est agréable (ou presque) qu'une personne comme vous existe !

Vous êtes DÉVERGONDÉ

Chez vous la bienséance sortie de ses gonds a faussé la serrure de votre conscience. Entre le rigorisme et vos habitudes il y a de la marge.

Les croyants considèrent que vous sciez les pieds de la chaise qui vous attendait au ciel et que vous risquez pour l'éternité d'être assis par terre. Ce sont là des choses personnelles.

Bon vivant, pour vous et mauvais pour ce qu'en pense la société, vous avez pris l'habitude de ne vous refuser aucun plaisir, accessible ou non.

Vous êtes à la fois le porte-parole, l'attaché de presse et le conservateur de la liberté, de l'anticonformisme du désir et de la sensualité.

Vous êtes DIABOLIQUE

Démoniaque et mystérieux vous avez des points communs avec Satan. Créant autour de vous une atmosphère d'incompréhension et d'angoisse, vous vous amusez de l'effroi ressenti. Vous provoquez la peur en souriant et la terreur en riant.

« Croire en une source diabolique n'est pas nécessaire, les hommes sont capables de toutes ces méchancetés par eux-mêmes ». (Joseph Conrad).

Vous avez trouvé ce moyen pour vous imposer. La méchanceté vous divertit. L'inimitié et la haine que vous provoquez vous permettent de vous affirmer. Vous êtes diablement imaginatif en faisant preuve de tant de créativité négative. Votre tournure d'esprit est reconnue et apprécié dans le domaine scientifique et dans la littérature.

Vous êtes DIDACTIQUE

Votre nature vous incite à informer et à instruire. Vous expliquez très clairement que, « vous êtes intéressé par l'étude systématique des méthodes et des pratiques de l'enseignement en général, ou de l'enseignement d'une discipline ou d'une matière » (Larousse)… tant mieux si vous y comprenez quelque chose, vous pourrez le répéter.

Il est intéressant et généreux de vouloir enseigner des connaissances, « La didactique est à la pédagogie, ce que la théorie est à la pratique ». (Mathieu Foria).

Vous transgénérationnalisez la culture en partageant vos connaissances. Vous distrayez vos auditeurs en leur offrant la possibilité de s'évader de la réalité. Votre parole est solide, personne n'arrive à vous la couper.

Vous êtes DILETTANTE

Ennemi de l'ennui, des contraintes et des obligations, vous suivez vos envies, sans trop de précipitation. Vous préoccupant exclusivement de ce qui vous intéresse momentanément. Un projet en pousse un autre, votre enthousiasme soluble disparait les jours suivants.

« Un dilettante s'amuse à découvrir ce qu'il pourrait faire s'il savait le faire. » (L. Langanesi).

Vous êtes un entrepreneur capricieux sensible à la météo de ses envies.

On aurait tort de vous considérer comme un égoïste oisif. Ceux qui vous entourent sont même heureux de faire partie de vos voyages fantaisistes et de se distraire lorsque vous évoquez vos projets. « Être dilettante c'est savoir sortir de soi... pour varier sa propre vie » (Jules Lemaître).

Vous êtes DINGUE

Perceptiblement insensé pour les uns, branquignol pour les autres, délirant, excessif, givré, hurluberlu et Cie pour tous, vous êtes l'original rare d'un modèle unique. Vos idées sont à la fois incrédibles, et époustouflantes.

Dingue c'est fou à lier en version light. Vous apportez à la société un angle de vue illogique donc différent. Osant l'imprévu, le fantasque et l'audacieux, vous distrayez les gens en leur permettant le doux bonheur de donner leur avis et de vous juger, ce qui vous indiffère.

Sans contraintes ni obligations, votre vie informelle est joyeuse trépidante et variée. Vous sautez librement au-dessus les barrières du qu'en dira-t-on. « Certains ne deviennent jamais dingues, leurs vies doivent être bien ennuyeuses." (Charles Bukowski)

Vous êtes DISSIMULÉ

Vous aimez soustraire ce que vous faites à la connaissance d'autrui. Cachotier, clandestin, et hypocrite vous cultivez la sournoiserie avec méthode.

Vous collectionnez les tiroirs secrets, les masques et les déguisements. Suçotant à voix basse des mots à double sens, vos phrases sont voilées de sous-entendus, de non-dits, de métaphores et de paraphrases. Votre garde-robe est coupée dans du tweed, du gris chiné, « du peu visible » comme une sorte de camouflage

Vous avez le sens de la discrétion et une certaine diplomatie particulièrement appréciée en politique, chez les Jésuites, les personnes très riches ou les hypocrites, ce qui fait finalement pas mal de monde. Certains gouvernements russes élèvent même la dissimulation exercée collectivement au rang de vertu. « Qui ne sait pas dissimuler, ne sait pas régner » (Louis XI).

Vous êtes DISTANT

Eloigné et froid vous ne vous livrez pas facilement étant souvent perçu comme indifférent, inaccessible hautain et fier (surtout si vous êtes grand, distingué et élégant). Vous avez une incroyable façon d'éloigner les gens par un mot prononcé calmement sur un ton glacial, un regard indifférent et votre dernier atout : cette façon de ne pas comprendre ce que l'on vous dit, qui plonge autrui dans la gêne. Votre comportement difficile à interpréter est intimidant.

Ceux qui racontent leur vie à des inconnus, les familiers et autres outrecuidants, vous qualifient de « pas aimable », gênés de découvrir ce qu'ils ne sont pas et qu'ils auraient pu être.

Votre distance tient vos proches à quelques pas et éloigne les autres c'est-à-dire la totalité des personnes. Vous permettant de rester seul sur votre piédestal, ce dont vous profitez avec une sensation de liberté grisante.

Vous êtes DISTRAIT

Peu attentionné, souvent, dans les nuages, vous donnez l'impression de n'être intéressé ni par ce qui vous concerne, ni par ce que font les autres. Voyageant sans cesse dans vos pensées, vous atterrissez surpris dans les aéroports de la réalité.

Inattentif par décision non préfectorale, absent dans le présent, vous êtes ailleurs : dans le passé, dans le futur, dans vos rêves. Le présent vous échappe.

« Je n'ai pas été fâché de passer pour distrait : cela m'a fait hasarder bien des négligences qui m'auraient embarrassées. Je suis distrait : Je n'ai de mémoire que dans le cœur ». (Montesquieu)

Loin des contingences prosaïques de l'attention calculée… la distraction qui filtre la réalité vous entraine dans un monde agréable de rêves et d'imagination.

Vous êtes DITHYRAMBIQUE.

Du grec « chant des dieux », vous flattez exagérément les uns en énervant les autres… vexés de n'avoir su prononcer eux même ces mots élogieux et d'avoir été devancés dans leur complimentation.

« Vis-à-vis de qui nous loue, nous nous sentons à la fois gênés comme son supérieur et confus comme son obligé ». (Jean Rostand).

D'une certaine façon vous n'avez pas tort : toute personne devrait au moins une fois dans sa vie recevoir des compliments XXL ne serait-ce que pour en mémoriser 5% jusqu' à la fin de ses jours.

Enthousiaste et généreux, véritable coach, vous encouragez les personnes à se hisser au niveau élevé de vos louanges pour les mériter.

Vous êtes DOGMATIQUE

Péremptoire autoritaire et catégorique, vous considérez vos opinions sentencieuses et arrêtées, comme des vérités absolues. Votre infaillibilité est pontificale.

Vous mériteriez à titre exceptionnel d'avoir une place mobile dans le dictionnaire vous asseyant tantôt à côté des mots, doctrinaire, péremptoire, catégorique, doctoral, intolérant ou sectaire avec lesquels vous partagez de nombreux points communs.

Vous avez certainement raison d'être sûr de vous, c'est normalement une bonne chose de croire en soi. « Les dogmes vivent » (Marc Aurèle).

Vous êtes affirmatif avec la très agréable et bienheureuse certitude d'avoir raison, d'agir comme il le faut, de rendre service aux autres et de leur être supérieur.

Vous êtes DOMINATEUR

Despote plus ou moins éclairé, vous pensez détenir de façon innée, l'autorité et le pouvoir de dominer les autres en leur imposant vos convictions. Ce comportement par son exagération peut frôler le ridicule : tel le lion devant son miroir, fier de sa crinière, qui ignore que le reste de son corps est un peu... déplumé.

Ne lâchant jamais la barre, lorsque vous dormez, même dans vos rêves, vous êtes en permanence aux commandes pour diriger. Vous avez l'âme d'un colonel, d'un général, d'un dictateur ou d'un tyran peu importe puisque c'est vous qui dominez et que cela vous plait.

Vous êtes un DRAGUEUR

Séducteur à petit budget, vous cherchez à conquérir rapidement, ce qui vous rassure. Votre action manquant de sérieux, vous remportez souvent des victoires faciles qui vous déçoivent.

Il vous arrive en regardant la personne que vous êtes en train de séduire, de réaliser que vous avez fait cela par habitude et qu'elle n'a rien qui puisse vous faire rêver…. Tel un dragueur de rivière vous remontez à la surface beaucoup de sable que vous jetez aux yeux des unes, des autres et de vous-même contrairement aux vrais pécheurs qui rejettent immédiatement à l'eau les poissons dont ils n'ont pas besoin.

« L'avantage de draguer des filles différentes, c'est qu'on peut leur dire toujours la même chose ». (Frédéric Beigbeder). Généreux vous vous intéressez aux autres, établissant un contact social au lieu de profiter seul égoïstement des joies la vie.

Vous êtes DRAMATISEUR

Comme sur un triste faire part, vos récits encadrent de noir les prévisions et les faits. Vous donnez un tour tragique aux évènements en faisant ressortir exagérément la gravité et le côté négatif de leurs possibles conséquences.

Toute situation arrive, pour vous, avec son menu de risques. Pour vous Noël c'est une possibilité d'incendie, Pâques transforme les rhumes en bronchite, l'été noie les uns et brûle les autres.

Vous avez les qualités parfaites d'un assureur imaginant tous les risques possibles, Il y a dans tout drame un angle distrayant. « La comédie est bien plus près de la vie réelle que le drame ». (Henri Bergson).

La réalité joyeuse du futur transforme vos prévisions funestes non réalisées... en bonnes nouvelles.

Vous êtes DRASTIQUE

Strictement sévère, exclusif et péremptoire. (Quelle ambiance !), vous êtes, avec une rigueur contraignante, campé sur les échasses de vos certitudes.

Doublé comme certaines vestes de haute couture, d'une couleur secrètement violente, ou enfermé dans la clôture de vos raisonnements, vous ne laissez jamais les surprises de l'imagination vous distraire en aérant votre cerveau.

Idéal dans les situations extrêmes, Vous seriez la personne parfaite, aux commandes d'un sous-marin qui manque d'étanchéité.

Vous êtes solide et exigeant, pas vraiment drôle, mais si convaincu de votre supériorité que tout le monde le croit et que cela fait jurisprudence puisque vous récoltez les médailles de la considération.

Vous êtes DROGUÉ

Intoxiqué par les besoins de l'habitude, vous êtes victime d'une addiction qui a transformé votre vie en peur de manquer d'une chose délibérément choisie ou presque. Quelle que soit l'origine de votre dépendance et le support que vous avez adopté, vous recherchez un mieux-être et un état de bonheur pour une vie garantie sans souffrance.

Être drogué c'est accepter d'être conduit dans sa voiture, vers une destination heureuse et inconnue, par quelqu'un qu'on ne connait pas.

Vous n'êtes pas seul dans votre addiction qui vous permet d'échapper à la réalité quand celle-ci ne vous convient pas. « Si le travail c'est l'opium du peuple, alors je ne veux pas finir drogué » (Boris Vian)

Vous êtes DYSLEXIQUE

Terme d'apparence compliquée, (du grec dys : difficulté et lexis : mot), alors que vous n'avez aucune déficience intellectuelle, les mots se dédoublent dans votre bouche. Les lettres jouent à cache-cache dans le désordre à la pointe de votre stylo comme sur un chevalet de Scrabble.

Bien sûr si vous êtes moins apte à remporter un concours de mots croisés, vous êtes un néologiste confirmé apportant de la fantaisie à la diction et de la créativité à l'orthographe.

Vous partagez ce défaut avec : Agatha Christie, Albert Einstein, Anthony Hopkins, Jean Hugon, Auguste Rodin et… Léonard de Vinci.

Les recherches scientifiques récentes ont trouvé dans votre cas une explication de similitude entre le cerveau gauche et le cerveau droit au lieu de la réversibilité habituelle. Et si la dyslexie était l'expression d'une forme de génie ?

Vous êtes ÉCERVELÉ

Evaporé, déconcentré, étourdi, partiellement dépourvu de jugement, vous menez une vie, détendue, saccadée et joyeuse.

Sans le vouloir votre comportement insouciant, ridiculise, par sa légèreté, celui des personnes prévoyeuses et réfléchies, qui lestent l'ambiance de leur vie par un pessimisme injustifié et gâchent un peu celles des autres.

Vous avez la jolie fragilité et la liberté des papillons. Vivant dans le présent sans souci de l'avenir, vous n'avez pas besoin de perdre du temps ni de vous donner la peine d'apprendre ce que les autres savent. Il suffit de le leur demander ou de consulter sur Google pour trouver ce que vous cherchez.

Il y a chez vous une confiance naturelle plus solide qu'un optimisme réfléchi.

Vous êtes ÉCHANGISTE

Libertin, vous aimez prêter vos jouets et vous amuser avec ceux des autres. Il vous arrive de jouer un peu avec le feu… si un jour, vous vous attachez à une personne, vous aurez le choix délicat de lui mentir pour cacher votre activité ou de la voir…enfin, comment expliquer… comme si…votre voiture était conduite par quelqu'un d'autre.

« Les femmes c'est comme les photographies il y a les imbéciles qui gardent précieusement le cliché, pendant que les gens d'esprit se partagent les épreuves » (Henri Becque).

Très à l'aise en société, vous savez avec de coquines façons faire plaisir aux autres et en profiter.

Vous êtes ÉCONOME

Vous possédez les qualités inoxydables d'un couteau suisse. Il n'y a pas de petit profit, vous surveillez, prévoyez, comparez l'épaisseur de coupe des épluche-légumes, la taille des sucres, les offres promotionnelles qui font chavirer les têtes de gondoles.

Pesant le pour et le contre de chaque chose, vous n'aimez pas vous engager dans ce que vous ne maitrisez pas. Préférant vous dépenser hors taxes, vous ne faites rien à 100%. « Le poltron se dit prudent et l'avare économe ». (Publius Syrus).

Collectionnant précieusement les sacs en plastique, les élastiques, et les bocaux avec des couvercles désassortis, en cas de disette vous pourrez toujours faire des confitures d'élastiques.

Vous avez l'âme admirable d'un nouvel économiste écologique, engagé dans l'avenir de la planète et la sauvegarde de ses ressources. Avant-gardiste tendance, vous êtes un super cost killer pro du développement durable, et des économies d'énergie

Vous êtes ÉGOCENTRIQUE

Vous considérez sans raison ni justificatif, que votre personne est prioritaire par rapport aux soixante-dix milliards habitant la planète. Avocat exclusif au service de vos seuls intérêts vous êtes extrêmement occupé par cette mission.

Avec un sens inné de l'auto-promotion : vous adressez à vos amis, des cartes de vœux avec une photo de vous, légendée d'un commentaire gracieux. Le message d'absence de votre téléphone est ponctué d'applaudissements.

Vous êtes un thème d'études passionnant pour les philosophes « Le sujet humain est égocentrique, dans le sens où il s'auto affirme en se mettant au centre de son monde ». (Edgar Morin). Et c'est une bonne nouvelle puisque vous aimez que l'on s'intéresse officiellement à vous.

Vous êtes ÉGOISTE

Votre alphabet commence par un « m » comme « moi ». Vous estimez mériter en permanence une carte platine et les privilèges d'un V.I.P.

Votre audace stupéfie, votre façon de vous imposer naturellement au milieu des autres est incroyable.

Votre vie s'est orientée comme vous le souhaitiez. « L'égoïste n'est pas celui qui vit comme il lui plaît, c'est celui qui demande aux autres de vivre comme il lui plaît, (Oscar Wilde).

Ne comptant que sur vous, attentif aux besoins de votre personne, vous savez parfaitement défendre vos intérêts. Votre égocentrisme peut être considéré comme une marque de respect envers les autres que vous laissez vivre, comme bon leur semble, du moment que cela ne vous concerne pas.

Vous êtes ÉLITISTE

Cultivant l'art de vivre en exclusivité, ce qui convient aux gens et dont ils se satisfont, n'est pas fait pour vous. L'élitisme ne vous appartient pas, ce sont les autres par leurs choix plus communs qui vous ont fait grimper dans la loge théâtrale et privée des personnes élues

On éprouve envers vous une d'admiration certaine. Les élites dont vous faites partie mènent le monde par la qualité de leur exigence. Ayant le privilège d'accéder au summum : le manuscrit d'un auteur, les partitions annotées d'une diva... avec la simplicité de vous contenter du meilleur, en haussant les épaules. Vous êtes de toute évidence un être supérieur

Vous êtes EMBÊTANT

Enquiquinant désagréable, empoisonnant, fâcheux en version light et simplifiée, vous favorisez un léger froncement de sourcils chez les uns un haussement d'épaules discret chez les autres des petites phrases inaudibles chez les troisièmes. Tout cela ne serait pas très grave sinon que toutes ces réactions contrôlées créent un petit stock de non-dits qui peuvent un soir d'orage, s'exprimer plus violemment en s'enflammant.

Distribuant aux personnes qui vous côtoient des petites doses quotidiennes d'agacement fortement dilué, qui si elles étaient concentrées, provoqueraient des colères, vous offrez à vos proches un traitement homéopathique de défense très bénéfique et à vous un contexte de liberté tout à fait agréable.

Vous êtes ÉMOTIF

L'œil humide et le cœur en écharpe, vous pensé être une porcelaine entourée d'éléphants. Les films d'horreur, les ambiances terrifiantes : corridas, abattoirs et les soirs de pleine lune ne vous réussissent pas. La vue d'un petit chat tout neuf ou d'un vieil ours borgne dans un coin vous bouleverse. « Evite, d'être trop timide ou trop émotif dans tes actions. La vie est une expérience » (R.W. Emerson*)*.

Votre sensibilité fait merveille dans les réunions : mariages, départs à la retraite, enterrements. L'émotivité est la manifestation parfaite d'un esprit fin et délicat. Il faut être doué de sensibilité pour pleurer. Votre vie est riche et variée : « si les larmes se ressemblent l'émotion est toujours neuve » (Victor Hugo).

Vous êtes EMPHATIQUE

Vous apparaissez tel un monument pompeux érigé au milieu de nulle part, chaussé de marches, drapé de marbre, haussé de piédestal.

Vous êtes tour à tour cérémonieux dithyrambique, hyperbolique, pédantesque, prétentieux, sentencieux ou théâtral…

On vous reconnait une grandiloquence certaine, l'art de la mise en scène et l'aura d'un acteur. Vous maitrisez l'exagération à la perfection avec le geste large, la voix sonorisée et le ton chaleureux.

Votre attitude grandiose débanalise les choses et les évènements. On admire votre prestance avec le respect et l'admiration que vous avez de vous.

Vous êtes EMPORTÉ

Violent et coléreux vous apportez avec vous l'impulsivité et ses débordements : les injures grimpent sur leurs grands chevaux, le ton monte, les gestes s'envolent, les portes claquent.

« Qui sait se battre ne s'emporte pas ! (Lao Tseu) … Evident bien sûr c'est facile, lorsque l'on est bouddhiste ! Les réactions des personnes présentes sont justifiées par l'évitement de la peur. On se tait en subissant l'orage. Mettez-vous à leur place qu'ont-elles fait ? pourquoi ce séisme, qui l'a déclenché. « Ah vous vous emportez et l'on vous dit dévot » (Molière)

Attentif, dynamique et réactif vous avez le courage de ne pas laisser les choses se faire sans intervenir. Vous êtes un exemple, dynamique de franchise et d'implication.

Vous êtes ÉMPRISONNÉ

La présomption d'innocence n'ayant pas retenu l'attention des jurés, vous avez été invité fermement à séjourner dans un club d'oisiveté géré par l'administration pénitentiaire.

On vous a fait cadeau de nouveaux bracelets connectés à la police, très tendance. (Le bijoutier Din Van a fait des menottes, le thème d'une récente collection successfull).

Votre avenir proche est assuré : vous êtes nourri, logé... blanchi (sur le plan pratique, mais pas encore sur le plan judiciaire) et à l'abri des accidents, attentats... et aussi des huissiers (ils ont peur des prisons... ce qui prouve un certain bon sens de leur part).

Votre implication au service du Ministère de la Justice vous permet d'acquérir une expérience humaine que beaucoup ne connaitront jamais.

Ne vous faites pas de souci « L'homme le plus inquiet d'une prison est... le directeur (G.B. Shaw) ».

Vous êtes EMPRUNTÉ

Maladroit et gauche votre comportement est identique à celui des malhabiles, godiches ou ballots.

Trop peu confiant pour réussir dans cette délicate démarche qui consiste entre autres à toiser son banquier, l'idée d'emprunter de l'argent ne vous viendrait pas à l'esprit. Votre timidité est peu compatible avec le succès et la réalisation des projets qui demandent de l'audace.

« Cet air emprunté, un jour, il faudra le rendre ». (Ylipe).

Idéal dans les situations qui vous dérangent, votre caractère y développe des solutions inédites par leur passivité. Vos deux bras gauches attirent l'attention et l'aide des autres. On ne vous demande rien, vous pouvez rester tranquille, rêver ou dormir pendant que tous s'activent.

Vous êtes ENFANTIN

Vous déplaçant à cloche-pied sur des marelles imaginaires, vous vivez dans un monde peuplé de jouets, de douceurs et d'imagination. Le décor de votre enfance qui devrait être rangé au grenier dans une malle en osier est toujours présent.

Votre perception décalée vous permet d'échapper à la réalité des soucis. Votre puérilité est recherchée professionnellement pour marketer chez Disney, Blédina ou Haribo.

Vous avez su garder le dynamisme des ados et la curiosité insatiables de l'enfance. Vous êtes spontané et joyeux, imaginatif et joueur… et vous vivez tellement loin de ce qui est tristement sérieux.

Vous êtes ÉNIGMATIQUE

Vous cultivez le mystère dans votre jardin secret, l'arrosant du silence des non-dits. Discret et mystérieux il faut un interprète pour comprendre ce que vous dites et beaucoup de sagacité pour découvrir ce que vous faites.

Vous vous efforcez plus ou moins consciemment d'être indéchiffrable, de donner une image en forme de puzzle, et de parvenir à déguiser la réalité en éventualité.

Votre vie est un jeu de piste écrit en rébus qui protège votre indépendance de la curiosité extérieure. Justement votre extrême discrétion suscite l'intérêt des personnes qui, si vous étiez plus lisible vous prêteraient moins d'attention. « Il n'y a rien de plus énigmatique au monde qu'une autre personne ». (Richard Bausch).

Vous êtes ENTÊTÉ

Fier de votre détermination, que vous prenez pour du courage et de la brillance, les arguments que l'on vous oppose s'effondrent sous votre regard, comme des châteaux de cartes sur une table en rotin branlante.

Obstiné et têtu, vous n'écoutez pas ce que l'on vous dit. Tenter de vous faire changer ou de vous convaincre est une bataille perdue d'avance.

De Bonaparte à Napoléon, en passant par les sept immortels qui portent à la fois le ruban suédois et l'épée : Hoffmann, Prudhomme, Bergson, Jacob, Broglie, Mauriac, Anatole France… les grands de ce monde doivent leur gloire à leur entêtement (…non Hitler c'est autre chose, lui était fou et sa gloire criminelle rouillée) mais nous parlions de vous, pas de lui.

Droit dans vos bottes, déterminé et volontaire, vous êtes persévérant et courageux. Vous ignorez la souffrance de la remise en question et des changements d'avis.

Vous êtes ÉNVAHISSANT

Votre présence est plutôt débordante vous parlez fort à n'importe qui de n'importe quoi. A la poste vous utilisez à la fois l'automate, la photocopieuse, le seul stylo qui écrive et l'attention du préposé. Vous avez naturellement besoin de plus d'espace que les autres, comme si celui-ci vous appartenait. On vous reproche d'être sans gêne, vous vous excusez gentiment en annexant un autre endroit.

Contrairement aux apparences vous êtes généreux alors que ceux qui vivent de façon géographiquement étriquée le sont souvent moins.

Vous vivez grand dans de vastes espaces que vous empruntez avec satisfaction. Cette liberté est une forme de plaisir qui s'apparente au luxe.

Vous êtes ENVIEUX

Dépité par les chances, succès et bonnes nouvelles qui arrivent aux autres, vous enragez silencieusement.

Pourquoi pensez-vous toujours que leur bonheur, que vous surévaluez, est pour vous inatteignable, interdit ou les deux.

Pensez à tout ce que l'on pourrait vous envier : de votre intelligence à vos 153 ou 187 cms (peu importe toute taille a son intérêt), et votre collection de cactées (plantes favorites des envieux, apte à piquer autrui).

Avec un sens précis de l'observation et de l'analyse, vous prêtez une véritable attention aux autres en vous intéressant généreusement de près à leurs faits et gestes.

Détendez-vous : les personnes que vous enviez ne sont peut-être pas aussi heureuses que vous l'imaginez… (Cet espoir vous fait déjà sourire !)

Vous êtes une ÉPAVE

Echoué dans la vie depuis assez longtemps pour que l'on ne vous reconnaisse plus sous les rides des algues et des intempéries, les mauvaises nouvelles aussi ont visiblement croisé votre chemin. Un peu rouillé, vous êtes constellé de coquillages et d'étoiles de mer qui se sont accrochés à vous (ceci est une image…bien sûr !).

« C'est l'ensemble de la vie individuelle que l'on devrait nommer "destin" et non pas ce futur tangible qui, d'une heure sur l'autre, remet tout en question, fait de nous une épave ou un héros » (Dominique Blondeau).

Une épave est toujours admirable par ce qu'elle reflète du passé qu'elle a connu, traversé, et la façon dont elle a survécu. Certains vous plaignent, d'autres vous admirent ou envient la liberté de votre courage. Votre destin à sa grandeur et vous aussi bien entendu.

Vous êtes ÉTOURDI

Inattentif, imprévoyant cousin des étourneaux, vous retournez chez vous prendre votre parapluie, et repartez en vous ex-fermant, laissant vos clés à l'intérieur. Absorbé par vos pensées, vous êtes plus distrait que concret. Il vous arrive souvent d'oublier de vous souvenir des choses.

Votre incessant va et vient d'allers et de retours vous maintient en forme sans podomètre. Votre insouciance est exaspérante pour ceux dont le front se plisse au moindre détail et qui sidérés envient votre décontraction.

Vous avez la générosité des personnes qui pensent à autre chose qu'à elles Un accès privilégié à la serendipité, chère aux Demoiselles Tatin, qui vous offre le plaisir et le luxe de découvrir fréquemment ce que vous ne cherchiez pas.

Vous êtes EXALTÉ

Pan ! pan ! Don Quichotte saupoudré de sable, précédé d'une odeur de poudre, semblant sortir directement d'un western… vous arrivez au galop sur le cheval de vos exagérations., exaspérant vos proches, simples figurants, qui ont le rôle ingrat de jouer les rabats joie.

Passionné, distrayant et créatif, vous accordez aux choses l'exaltation artistique qui est à la base des plus belles audaces. Sans son énergie jusqu'au boutiste, il n'y aurait jamais eu de tour Eiffel, née Boenickhausen, (les noms allemands sonnant mal en 1886 Gustave Eiffel a choisi comme patronyme le nom du village où vivaient ses grands-parents), *pourquoi pas !*

Semblant passionné par tout ce qui se passe, votre exaltation vous permet de vivre grand et exprime autant de dynamisme que d'énergie et de créativité. On peut même vous trouver très courageux.

Vous êtes EXASPÉRANT

Votre comportement irrite par sa constante provocation. Vous agacez les uns en énervant les autres, par des doses répétées de contrariétés. La semelle de leur patience est usée. Vous vous amusez de ces réactions prouvant que vous avez visé juste.

Ayant le courage assumé et moqueur de déplaire, vous ne laissez personne indifférent. On s'intéresse à vous guettant impatiemment un effort de votre part ou même votre départ. Ensuite on parle de vous en mal, peut-être, mais avec passion.

Puisque selon François de La Rochefoucauld « on aime mieux dire du mal de soi que de n'en point parler, » vous savez déléguer aux autres le soin de le faire à votre place.

Vous êtes EXCENTRIQUE

Original et décalé vous avez des chaussures en cuir de licorne, des plumes jaunes et violettes à l'intérieur de la tête… Et cela se voit ! Créatif, vous choisissez toujours la solution la plus inhabituelle.

Contribuant à changer un monde que vous trouvez ennuyeux, vous êtes unique en votre genre, on admire votre audace et votre résistance au jugement des autres que votre comportement attise.

Imaginez Dali sans ses extravagances… eh bien cela n'est pas possible ! Donnant des ailes de sardine au surréalisme il a ouvert dans le ciel des hublots d'innovation… et vous, dans votre style vous l'avez fait aussi.

Vous êtes EXCESSIF

Exubérant et débridé, au-delà du raisonnable, vous existez en version panoramique : trop vite, trop fort, sur fond de vacarme, telle la voiture annonçant la présence d'un cirque de village, avec ses couleurs vives et son porte-voix.

Vous imposez votre comportement, normal pour vous, un peu moins pour les autres. « Tout ce qui est excessif est insignifiant ». (Charles-Maurice de Talleyrand-Périgord, probablement un jour de mauvaise humeur).

« Tout est bon quand il est excessif » (Marquis de Sade, a la réputation plus incertaine). Que faut-il en penser ? Comment voudriez-vous que certains élèves aient de bonnes notes quand la littérature, elle aussi se contredit…

Excessif en positif c'est bien : un bouquet n'est jamais trop gros tant qu'il y a d'assez grands vases et d'eau pour le désaltérer. Heureusement chacun peut remercier le ciel qu'il y ait des personnes comme vous qui en font trop, pour compenser celles qui n'en font pas assez.

Vous êtes EXIGEANT

Tatillon, pointilleux, intransigeant, contrôleur qualité infatigable et zélé de vos actions et de celles des autres, vous avez dans la tête un cahier des charges compliqué.

Pour vous les choses ne sont jamais assez bien pensées, préparées, exécutées, réalisées. « Trop lucide pour s'applaudir l'exigeant s'épuise à poursuivre en lui un double imaginaire ». (Paul Géraldy). L'à peu près vous agace or certains paramètres imparfaits échappent à la logique : votre corps est à 37° on a dû inventer les années bissextiles et Pi ne tombe pas juste... Tout cela est pour vous aussi contrariant qu'incompréhensible.

Votre désir de perfection est remarquable. Ce que vous faites est parfaitement réalisé. Vous savez comment obtenir le résultat que vous attendez. C'est grâce à leur souci de perfection que des hommes : artistes, savants et autres, sont devenus immortels.

Vous êtes EXTÉNUÉ

Bien sûr qui pourrait vous le reprocher ? On ne se moque ni d'une ambulance ni de celui dont c'est l'unique et inquiétant moyen de déplacement.

Mais lorsque le cheveu brillant et la mine vitaminée vous répétez je suis ex-te-nu-é ! (Forme mondaine de je suis crevé...), C'est de toute évidence une dispense officielle qui devrait en informant votre entourage, vous soustraire officiellement à tout effort. Ensuite prononcer ce terme sophistiqué n'est possible que quand on ne l'est pas. Malade on se dit simplement épuisé.

Votre manque de courage soutenu par les indemnités de la Sécu est une forme de reconnaissance envers l'œuvre de son créateur Ambroise Croizat, lui aussi mort d'épuisement.

Vous savez ménager votre énergie avec délicatesse, prendre soin de votre bien être et

échapper avec quatre syllabes à la pénibilité des contraintes obligatoires.

Vous êtes un EXTRAVERTI

Doué pour exprimer ce que vous ressentez avec la facilité d'une station de radio qui émettrait en permanence, vous osez dire ce que l'on n'a pas envie d'entendre. Vous parlez, chantez, riez, donnant sur tout un avis haut de forme.

Les yeux des timides clignotent de surprise devant l'audace, et le naturel de vos manifestations.

Vous êtes un communicant expansif qui sait avec passion exprimer ses ressentis, ses envies et ses projets.

L'agacement provoqué par certaines de vos extériorisations vous étonne. Très à l'aise dans votre expression verbale et votre gestuelle votre vie est dynamique et plutôt joyeuse.

Vous êtes un EXTRÉMISTE

Les nuances ne font pas partie de vos habitudes, les excuses non plus. Ayant décidé d'aller jusqu'au bout des choses, vous ne lâchez rien, Vos opinions excessives attirent les contestations et arguments contraires, ce qui vous oblige à bien connaitre les sujets.

« Les extrémistes ont des moteurs dynamiques, les autres rament avec colère : en se donnent plus de mal, pour avancer beaucoup moins vite ». (Chamfort). Passionné et déterminé, on peut compter sur vous pour tenir quoi qu'il arrive le cap que vous vous êtes fixé.

Vous êtes un exemple de courage. Qui pourrait vous donner tort puisque « Les extrêmes se touchent » (L.S. Mercier). Persuadé d'avoir raison, vous êtes content et fier de vous.

Vous êtes FAIBLE

Manquant d'énergie et d'autorité, vous cédez devant toute difficulté sans vouloir en mesurer les conséquences. Vous subissez les évènements passivement, laissant de côté ce qui vous ennuie avec l'intention de ne pas y revenir et de laisser les choses se débrouiller toutes seules. « Qui tacet consentire videtur : qui ne dit mot consent ! « (Boniface VIII) L'infaillibilité papale, lui donnant de toute façon raison il est inutile de réfléchir à la justesse de cet adage.

« Tous les hommes ne sont pas vulnérables de la même façon, aussi faut-il connaître son point faible pour le protéger davantage ». (Sénèque).

On vous trouve émouvant, conciliant, facile à vivre, sensible et attachant puisque vous faites ce que veulent les autres. « Les plus puissants ont besoin des plus faibles » (Esope) » et leur état d'esprit indulgent à votre égard, vous console de votre faiblesse.

Vous êtes FAINÉANT

Tels les rois du même nom, qui, au Moyen Age traversaient la France allongés sur des chariots trainés par des bœufs indolents, vous êtes occupé par l'inactivité. La paresse vous anime, l'inaction vous convient. Le travail et l'agitation ne pas sont pas vos ennemis, vous n'en avez jamais entendu parler.

Les métiers passifs sont faits pour vous : testeur de matelas, de couettes ou d'oreillers, hôte d'accueil dans une société en faillite, vendeur de poussettes pour quintuplés…

Vous prenez votre temps en utilisant celui des autres avec une bienheureuse conscience qui vous protège d'une remise en question inutilement

vénéneuse. Un 8 septembre notre président E.M. s'en prend « aux fainéants et aux cyniques ». C'est injuste de les associer : les fainéants sont bien trop occupés à être paresseux pour être cyniques. « Sois fainéant, tu vivras content » (Coluche)

Vous êtes un FAISEUR

Il y a faiseur et faiseur commençons par le premier : tailleur à Savile Row qui parle un anglais parfait avec des épingles dans la bouche. Devant son professionnalisme élégant, nous n'avons rien à dire. Le second c'est vous, fanfaron hâbleur, s'exprimant beaucoup plus et moins bien.

On vous reconnait aux clés de voiture que vous agitez en permanence comme pour empêcher votre interlocuteur de s'endormir, noyé dans votre flot de paroles. On ne peut vous reprocher d'avoir toujours une affaire exceptionnelle sur le feu mais de supposer même une seconde que quelqu'un de normal puisse y croire.

Votre caractère expansif assorti d'un culot certain et d'une confiance élastique, vous permet de vous considérer comme un homme d'affaires brillant. Vous avez l'art de jongler avec les arguments et de balayer les obstacles d'un mot définitif d'un revers de main ou d'un sourire faussement navré.

Vous êtes FAMILIER

Votre comportement manque de réserve, vos manières sans-gêne, frôlent l'impolitesse et bousculent les règles de la bonne éducation. Vous vous permettez des intrusions dans la sphère privée des gens, les tapotant n'importe où, piochant dans leur assiette sans qu'ils vous l'aient proposé… et les traitant comme s'ils étaient de vieux amis.

A l'aise partout et décontracté en permanence, vous préférez le tutoiement parce qu'il a deux lettres de moins, que lorsque l'on dit vous et que « c'est plus cool ».

Vous êtes vrai, naturel et chaleureux maladroitement sans doute, mais attachant tout de même. Vous avez l'art d'imposer votre caractère on se sent un peu mesquin de vous en vouloir et pas très généreux de vous critiquer.

Vous êtes FANTASQUE

Capricieux et imprévisible, changeant et baroque, vous volez d'un nuage à l'autre déguisé un jour en cerf-volant, le lendemain en grutier. Vous avez l'audace de l'originalité et l'énergie de la variété.

Attention à ne pas y laisser le peu de raison qui habite dans votre tête, ce serait dommage. « Il y a des nuances entre avoir des fantaisies et être fantasque : le fantasque approche beaucoup plus du bizarre » (Voltaire)

Vous déguisant dans les costumes, de la fantaisie, vous jouez à vivre dans le monde unique crée par votre imagination. Votre caractère lunatique déstabilise et cela impressionne, on s'intéresse à vous. Vous vivez heureux, plus libre qu'un square sans gardien et sans grilles.

Vous êtes FARFELU

Ce joli mot contraction néologique improbable entre le far, la fée et la lumière est le qualificatif que l'on attribue aux personnes qui comme vous volent en bourdonnant d'une idée joyeuse à une autre. Ecervelé, baroque, déraisonnable, drôle, extravagant, fantaisiste, fantasque, hurluberlu, lunaire, insensé, saugrenu… cousin de l'abeille et de la libellule vous appartenez à la famille des coléoptères.

Votre légèreté et votre insouciance vous épargnent les soucis et vous permettent d'être indépendant sous le regard amusé de vos proches ou étonné de vos concitoyens.

Sans y prêter attention, par un souffle de fantaisies, vous apportez votre aide indispensable à ceux qui sont incapables ou interdits d'imagination.

Vous êtes FASCISTE

Chemise rouge et moustache noire, (ou polo noir et yeux rouges), vous imposez autour de vous une autorité arbitraire. « Dans un régime fasciste, on n'apprend pas "je suis, tu es" mais "je hais, tu suis". (Marc Escayrol).

Autocrate version facho, franquiste ascendant réactionnaire, vous avez dévoré les écrits de Mussolini et d'Hitler en préparant une thèse sur le Ku Klux Klan. A la fois révolutionnaire, conservateur et violent, il est plus simple de ne pas vous contredire. Surtout que vos réactions peuvent être tranchées. Collectionneur de banderilles, votre animal de compagnie pourrait être un taureau.

Homme engagé, content et fier de lui, vous avez le courage d'affirmer vos idées, en vous opposant au règlement intérieur de la société. « Essayons de ne pas être fasciste plus d'une minute par jour » ! (Ettore Scola) qui comme vous le voyez, n'en rejetait pas totalement l'idée.

Vous êtes FATALISTE

Allons bon ! méprisant les porte bonheur et tout ce qui prétend favoriser la chance, vous laissez le sort décider de votre avenir. Tel certain sage, grec « vous acceptez le futur sans en vouloir modifier le cours ». Le « Jacques » de Diderot est votre livre de chevet.

Considérant que les évènements sont irrévocablement fixés à l'avance par une cause unique et surnaturelle, vous ne faites rien dans le présent, pour préparer, conjuguer d'avance ou anticiper les paramètres de votre futur.

Votre état d'esprit vous apporte la liberté rare d'agir sans peur. Votre vie ressemble à une partie de roulette russe, vous traversez la rue en regardant le sol ou le ciel, laissant aller votre existence sereinement sans objectif sans projet et sans rétroviseur.

Vous êtes FAUCHÉ

Que faut-il dire ? Que vous êtes « fauché comme les blés » ? C'est illogique puisqu'avoir du blé c'est avoir des sous. Dire que l'on « manque de liquidités » c'est un peu compassé… et cela donne soif Il est difficile de parler de l'argent qui ne fait peut-être pas le bonheur, mais dont l'absence apprivoise le malheur.

Vous êtes fauché c'est la preuve évidente que vous n'êtes ni arriviste ni radin. Il ne viendrait à l'idée de personne de vous demander de l'argent.

Vous dormez comme un chat d'un sommeil tranquille. Les dégringolades boursières vous laissent de marbre, votre banque peut bien faire faillite en entrainant votre découvert dans sa chute. « Qui n'a besoin de rien n'est jamais pauvre » (Voltaire.)

Vous êtes FÉLÉ

Désaxé de naissance, déjanté par nature, insensé par habitude, indépendant par peur, vous vivez comme vous le pouvez avec vos rayures, vos éclats, vos fêlures et vos particularités. Tel le vase de Sully Prude homme « … n'y touchez pas il est…brisé » (en réalité il n'était que fêlé… mais les alexandrins ont de ces exigences !).

Chacun a sa fragilité et vivre le plus heureux possible avec, est le menu de chaque être humain. On pourrait en déduire que celui qui n'a pas eu de fêlure n'a pas complètement vécu. On dit aussi que ce sont elles qui laissent passer la lumière. Riche de votre différence et de votre faiblesse, vous êtes une personne avec une vraie sensibilité, originale et unique comme une œuvre d'art.

Vous êtes FÉROCE

Tel un fauve impitoyable, vous maniez les attaques, les agressions et la cruauté avec une ironie blessante. « L'homme est une bête féroce, par elle-même apprivoisée ». (Pierre Reverdy).

Vous aimez exercer du pouvoir, sachant insister là où cela fait mal et en vérifier le résultat en mesurant le degré d'atteinte et de souffrance de vos proies.

De toute évidence, vous êtes intelligent : il faut l'être pour blesser, les sots ne font qu'égratigner.

Vous avez le courage, la force et la violence d'un tigre. On vous craint, on vous critique, on vous déteste bien sûr, on vous fuit…. Qui oserait vous contredire ou vous contrarier. Mais votre force impressionne et en vous respectant on fait allégeance à votre supériorité.

Vous êtes FIER

Raide, la tête haute, dressée avec une certaine arrogance. Vous apparaissez à la fois comme un Artaban, un Hidalgo Catalan, un Romain dans ses plis de marbre, ou un Athénien selfite devant ses colonnes doriques. « L'homme fier a toujours un regard condescendant sur les choses et les gens » (C. Lewis).

Vous avez la chance d'être conscient et persuadé de votre valeur. Satisfait d'être qui vous êtes, ayant une très bonne opinion de votre personne, vous ne doutez pas de votre valeur.

Être fier c'est élégant, on garde de la tenue et de la dignité, même dans les épreuves. « Je suis trop fier pour croire qu'un homme m'aime. Cela supposerait qu'il sache qui je suis." (Friedrich Nietzsche).

Vous êtes FLAGORNEUR

Amadoueur, capon, louangeur, panégyriste, courtisan, vous flattez bassement avec insistance, étalant vos compliments à la truelle, sans trop de délicatesse. Ce qui convient particulièrement bien à certains orgueilleux peu sensibles aux nuances. Les autres perçoivent que l'emballage en carton de vos exagérations est recyclable pour d'autres personne et envisagent un copié collé.

Cherchant plus à obtenir qu'à faire plaisir, vous attendez un résultat immédiat de vos louanges. Votre emphase cousue de fil blanc effraie les personnes délicates… et si vous plaisantiez, et si vous vous moquiez d'elles ?

Vous avez le programme, la technologie et les qualités solides et constantes d'un distributeur automatique de compliments.

Vous êtes FLATTEUR

Votre inspiration dans l'art des louanges est ancienne. A neuf ans découvrant l'intelligence du Renard et la vanité du Corbeau, vous avez compris le process des compliments et de ses avantages.

En exprimant les qualités que vous attribuez, aux personnes, vous redorez artisanalement avec délicatesse leur confiance en elles, (comme le font les monuments historiques sur les grilles du château de Versailles).

Vos louanges ne sont pas toujours gratuites mais l'idée est généreuse. Vous savez redresser et réactiver le moral des personnes qui en ont besoin. Vous êtes crédible puisque vous dites ce que l'on souhaite entendre. « Le flatteur en chatouillant par des louanges ceux qui aiment la gloire, se les attachent si fortement, qu'ils n'en peuvent s'en séparer ». (Plutarque).

Vous êtes FLEMMARD

Vous n'êtes pas « partisan du moindre effort », mais plutôt adepte officiel de « pas d'effort du tout ». Fuyant sans précipitation les contraintes, vous vous êtes éloigné avec nonchalance, de la réalité avec ses billets d'obligations, ses valises d'exigences, ses bagages lourds et encombrants.

Certain de trouver le juste équilibre entre ne rien faire et obtenir ce qui vous est nécessaire, vous avez mis au point une stratégie futée. « Je suis trop flemmard pour travailler et pas assez stupide pour ne rien faire ». (D. Berrard).

Ne vous pressant jamais, vous ignorez la fatigue de l'effort, le stress et l'essoufflement dus à la précipitation. Le burn-out et les contraintes horaires ne

vous concernent pas. Vous vous protégez avec une prudente lenteur de tout ce qui ressemble à un effort. Votre détachement est perçu comme la profondeur et la sagesse qu'impose une vraie réflexion.

Vous êtes FOU

Votre comportement déraisonnable est extravagant, le moyen âge vous aurait gentiment qualifié « d'échappé des petites maisons ».

Fantasque, peu prévisible, les résultats vous importent moins que le fait d'agir à votre guise. « C'est l'année de mes quarante ans que je suis devenu complètement fou. Auparavant, comme tout le monde, je faisais semblant d'être normal ». (Frédéric Beigbeder).

Votre côté fantaisiste vous permet de vivre en conservant le don de liberté qui fait votre identité. : " « Sans un grain de folie, il n'est point d'homme raisonnable. » (La Rochefoucauld).

On ne peut être fou sans éclairs de génie pensez à Pasteur, à Van Gogh... Et à tous ceux qui ont osé braver la raison et que la nation admire. « Les folies sont les seules choses qu'on ne regrette jamais ». (Oscar Wilde).

Vous êtes FOUTRAQUE

Est-ce le trac d'être fou qui vous fait agir dans le désordre Vous êtes original, excentrique, inattendu, indépendant et imprévisible. On craint vos excès tout en admirant votre audace.

Rien ne vous arrête : ni la raison, ni la météo, ni les conseils et les recommandations. Vous n'en êtes pas touché : les échecs glissent sur vous sans vous blesser car vous n'y prêtez pas attention.

Imprévisible et distrayant, vous semez des graines de variété autour de vous. Fantaisiste attachant et brillant, reconnu pour votre originalité et votre créativité, vous êtes admiré pour votre façon de voir les choses. On vous observe attentivement.

Votre différence incompréhensible et illogique suscite de l'intérêt, de la réflexion et une improbable possibilité d'être imité.

Vous êtes FRILEUX

Vous craignez le froid et surtout d'en souffrir. Votre émission fétiche c'est la météo (vous regardez attentivement la présentatrice qui balaie scientifiquement le mur d'en face pour montrer la carte, désignant les températures, sans vous tourner le dos).

« Les amoureux fervents et les savants austères aiment également, dans leur mûre saison, Les chats comme eux frileux et comme eux sédentaires ». (C. Baudelaire).

Vous avez un point commun avec les huitres « les mois en R « vous sont défavorable. Comme elles, vous êtes insouciant et heureux pendant l'été, ce qui n'est pas donné à tout le monde.

Chanceux un simple gilet, une couette ou un plaid et vous êtes sauvé. Vous savez prendre soin de vous et vous protéger comme si vous étiez quelqu'un d'autre qui aurait besoin de vous.

Vous êtes FRIVOLE

Léger et futile, faisant voler autour de vous des rubans de désinvolture, vous êtes perçu comme superficiel puisque vous souriez quoiqu'il arrive avec un air détaché. Vous bavardez joyeusement en riant de détails qui agacent les penseurs.

« Si l'on ôtait de la vie tout ce qu'il y a de vain et de frivole, il y resterait si peu de choses, que cela ne vaudrait pas la peine de le regretter ». (Madame de Scudéry).

La frivolité est un art, ceux qui vous aiment savent percevoir sous les volutes de rires qui vous caractérisent, vos valeurs profondes. Quoique certains en pensent, c'est un cadeau généreux que l'on offre aux autres en étant insouciant.

Vous avez l'élégance avec votre légèreté affichée de ne pas peser sur les gens. « L'homme doit s'applaudir d'être frivole, s'il ne l'était pas, il sécherait de douleur en pensant qu'il est né pour un jour, entre deux éternités... » (Voltaire).

Vous êtes FROID

Glacial comme un faire part de deuil, vous manifestez une distance évidente. Manquant de chaleur, vous observez les évènements avec une froide rigueur. Sous votre regard, votre entourage se sent jugé, se justifie et... vous en veut de l'avoir amené à le faire.

« Ce n'est pas parce qu'en hiver on dit : - fermez la porte, il fait froid dehors -, qu'il fait moins froid dehors quand la porte est fermée. » (Pierre Dac).

Observateur impassible vous êtes intimidant : on ne sait ni qui vous êtes, ni ce que vous pensez. Si votre but est de mettre les autres, mal à l'aise, l'objectif est atteint.

Vous savez vous contrôler, rien ne vous échappe ni les débordements intempestifs des autres ni leurs faiblesses que vous analysez pour vous en servir. « La demande est chaude, le merci est froid » (Proverbe germanique).

Vous êtes FRONDEUR

Insubordonné viscéral, opposé à l'ordre établi, vous exprimez vos opinions à bras le corps. Déterminé de toute façon à vous opposer, vous défendez votre avis haut et fort. Dès votre réveil vous entonnez le chant des partisans que vous savez jouer d'une main sur le piano ou l'harmonica.

Vous provoquez et créez des affrontements autant par bravade que par curiosité.

Contestataire est la version sociale de frondeur. Sûr de vous, ne doutant de rien, votre assurance inébranlable vous permet de remporter facilement une victoire sur les batailles que vous avez déclarées.

Vous avez le courage de vous opposer à ce qui ne vous convient pas et d'exprimer fièrement vos opinions et vos valeurs

Vous êtes FUMISTE

Mystificateur ambigu, fantaisiste, un peu blasé, très facétieux, l'écran de fumée de vos arguments, vous permet de ne pas dévoiler au premier abord, votre penchant pour l'imposture et l'évitement.

Une phrase en bousculant une autre, vous construisez des arguments dont les bases peu solides s'effondrent. Etant déjà occupé par une autre affaire, cela ne vous préoccupe pas.

« Ce qui est drôle, ce sont toujours les fumistes, les bons à rien, qui se faufilent professionnellement, qui réussissent au détriment des autres ». (Frank-borklacq).

Inventif, vous avez l'audace et l'originalité de créer une atmosphère floue et un décor particulier pour arriver à vos fins. Vous considérez la vie comme un jeu, et cherchez à vous distraire au maximum en profitant de n'importe quelle situation.

Vous êtes FUTILE

Semblant attacher de l'importance à des choses qui n'en ont pas, et plus précisément, ne pas en attachez à celles qui en ont. Vous cultivez avec insouciance, l'art de la désinvolture. Sous votre air superficiel, vous avez les mêmes soucis que tout le monde, mais malheureusement pour vous, personne n'y songe.

Votre décontraction ridiculise les plaintifs grincheux qui imposent leurs soucis et montent leurs désagréments en épingles. Ils vous en veulent, sans percevoir le courage que cela représente d'agir comme vous le faites.

« Il n'est pas déshonorant de mourir en poursuivant un but, même futile, ce qui l'est, c'est de se laisser vaincre et d'accepter sa défaite ». (Alexandra David-Neel). Avec la grâce et l'élégance d'être futile, vous vivez heureux dans un mode que vous avez choisi anodin, parce que vous aimez que les choses difficiles soient légères.

Vous êtes FUYANT

Evasif, cachottier, caractériel, changeant, fugace, furtif, glissant, inconstant, insaisissable, instable, renfermé, sournois, vous prenez vos jambes à votre cou, dès qu'un détail vous déplaît ou que la situation vous échappe.

Votre départ précipité, vous évite d'affronter le moment présent, et vous dispense d'expliquer le mécanisme de vos réactions. « Le sage fuit les contrariétés… sauf, qu'en ayant remporté la victoire en fuyant, il se retourne et se demande pourquoi il a couru si vite ». (Paul-Loup Sulitzer).

Décidant de votre parcours à travers les évènements. Partant sans vous retourner, vous ne vous imposez jamais d'être présent quand cela vous fait peur. Vous avez le droit de vous soustraire aux contraintes. Certains penseront que vous êtes simplement un homme pressé.

Vous êtes GAFFEUR

Votre maladresse vous fait commettre des impairs. A la fin d'un enterrement vous dites « en tout cas, on a eu de la chance aujourd'hui, c'était une bien belle journée ! » un peu comme si… au dernier enterrement de ce même défunt, il avait plu.

Vous dites ce qu'il ne fallait pas dire. Votre précipitation vous met dans des situations imprévues. S'il y avait une gomme à paroles il vous en faudrait deux.

Mais rassurez- vous, une gaffe profite toujours à un esprit intelligent. Un jeune homme en face de madame Récamier et de madame de Staël dit « Je suis entre la beauté et l'esprit ». Cette dernière répond « pourtant vous n'avez ni l'une ni l'autre » et elle ajoute « C'est la première fois qu'on me dit que je suis belle »

Vous êtes naturel : Tout le monde a le droit de se tromper, si on n'a plus le droit de parler ! » dites-vous ignorant fièrement le mécontentement d'avoir fait une erreur et d'en être vexé.

Vous êtes en GALÈRES

Collectionnant les situations difficiles ou précaires vous menez votre vie à la rame comme un galérien à Cayenne.

Autrefois une galère c'était un joli bateau à voiles de la marine royale et puis comme vous le savez son utilisation, sa réputation et sa signification se sont dégradées. « Les galères font le galérien » Victor Hugo. (C'est vite dit ! le galérien fait aussi la galère).

Sportif par obligation vous avez appris à nager dans des eaux difficiles. Vous êtes capable d'offrir de la résistance et de survivre aux situations périlleuses et à la douleur puisque vous êtes encore en vie.

Il vous reste, puisque la loi du 6 juin 1960 a mis fin aux travaux forcés, le positif espoir qu'un avenir meilleur et chanceux vous dispense d'autres mésaventures.

Vous êtes GASPILLEUR

Dépensier, dilapidateur, croqueur… vous faites, par facilité, paresse et Cie, un mauvais emploi des choses. Vous gâchez inconsidérément l'argent, les objets, les occasions et votre temps.

N'accordant pas beaucoup d'attention à ce que vous faites, au rangement, à la conservation, aux dates de péremption… ni de soin, à ce que vous possédez, vous consommez plus de choses qu'un homme ordinaire et beaucoup plus qu'un radin adepte du « flux tendu. ».

Consommateur actif et certifié, le renouvellement de vos stocks encourage l'industrie à se développer et créer des emplois.

Vous méritez une médaille de la Bourse du Commerce et une décoration du Ministère des Finances pour votre participation assidue au financement de la T.V.A

Vous êtes un GÉANT

Vous êtes si grand qu'il faut lever les yeux au ciel pour vous regarder. Cela peut mettre vos interlocuteurs mal à l'aise, les inférioriser comme si par votre taille, vous leur étiez automatiquement supérieur.

Sur un plan pratique il y a des boutiques pour les grands mais comme elles s'adressent aussi aux gros et aux petits, vous sortez désarçonné de ce dessin animé over-sized. Votre coiffeur effectue gracieusement son travail en version perchée, comme un danseur sur les pointes.

Chat botté réincarné, vous avancez à grandes enjambées plus vite que tout le monde. Si l'air est pur en hauteur, vous avez l'avantage de respirer mieux. « Le privilège des grands, c'est de voir les catastrophes d'une terrasse » (Jean Giraudoux).

Vous êtes GLACIAL

Plus froid qu'il n'est permis de l'être, vous diffusez autour de vous une atmosphère qui manque de calories. Vous êtes perçu comme antipathique, hautain, sec, insensible, imperturbable, dur, polaire., septentrional, sibérien. C'est visiblement votre nature d'être discret en version réfrigérée.

Jon Snow propose dans Game of Thrones une version élégante du froid avec son manteau débordant de fourrures. Vous pouvez comme lui, réchauffer votre image avec une garde-robe chaleureuse.

Les inconnus distraits qui vous adressent la parole le regrettent rapidement, les importuns vous évitent, les quêteurs reculent en bafouillant

Vous avez remarqué que les personnes préféraient s'assoir à côté de vous que de vous faire face pour éviter votre regard. On hésite à vous déranger... on

vous présente des excuses… vous ne pouvez qu'apprécier et être heureux de tout ce luxe d'attentions.

Vous êtes GNANGNAN

Ce mot qui frôle l'onomatopée vous situe intellectuellement à côté de la bécasse. Mièvre les jours pairs, pleurnichard les jours impairs, vous avez la mollesse d'une madeleine en sachet sur laquelle on se serait assis. Ce qui explique pourquoi les difficultés vous mettent en miette.

Votre communication habituelle consiste à parler lentement d'une voix douce et plaintive. Vous trouvez cette description discriminante, vous avez raison, elle évoquait vos jours les moins fastes.

Vous êtes un non violent assez émouvant avec une simplicité naïvement affichée. Persuadé de faire preuve de délicatesse et d'élégance vous ignorez le jugement des autres à votre égard.

Il y a une petite base de gentillesse dans votre attitude que l'on ne croise pas souvent et dont vous pouvez être fier.

Vous êtes GOGUENARD

Ironique, moqueur gouailleur, narquois et fier d'être comme cela, vous regardez les gens avec insolence. Ne sachant pas ce qui vous amuse et de quoi vous vous moquez, beaucoup décontenancés perdent confiance en eux et vous en veulent de se sentir jugés comme en défaut, sans savoir pourquoi. Ceux qui doutaient de leurs capacités, reculent encore de trois marches dans leur propre manque de considération au risque de tomber encore plus bas et de se faire mal.

Telle la maréchaussée exécutant le jugement du tribunal, vous mettez les gens hors d'eux.

Vous êtes un homme bon vivant moqueur et heureux de vivre. Aimant vous exprimer avec une insolente décontraction, vous vivez joyeusement dans une ambiance moqueusement rieuse

Vous êtes un GOINFRE

Glouton, vorace, gourmand, goulu… disons que vous ne minaudez pas devant votre assiette, peu importe que la sauce au vin tague votre chemise ou que la religieuse au chocolat laisse une moustache sous votre nez. Vous vous baffrez, mais qui sait si l'un de vos aïeux n'était pas… enfin si vous ne descendez pas d'un ogre.

Les méchouis comme toutes les dégustations over-sized vous réjouissent alors qu'au fond d'une immense assiette, une petite décoction de coquilles Saint Jacques et son émulsion de betterave vous donnent envie de pleurer. Les amuse bouches ne vous ont jamais fait rire : elles ouvrent votre appétit sans le refermer.

Ces dégustations vous permettent d'obtenir facilement les récompenses affectives qui vous sont nécessaires. Vous êtes un bon vivant avaleur précoce, adulé par les maitresses de maison qui vous regardent avec joie engloutir leurs recettes.

Vous êtes GOUALLEUR

Narquois en version « titi Street », Vous cherchez avec des effets faciles, perceptiblement vulgaires, à vous amuser en mettant les railleurs de votre côté.

Vous vous moquez principalement des personnes que vous ressentez fragiles parce que c'est plus facile et que vous ne prenez pas le risque d'être contredit. Les forces de la nature elles, ont droit au silence de votre respect.

Vous êtes un observateur fin et rapide, presque tout le temps content de lui. Tourné vers la joie de vivre, animé par le sens de la dérision et de la répartie, vous profitez de n'importe quelle situation pour la tourner en ridicule.

Avec un vrai sens de la parité, vous prenez plaisir à déstabiliser ou vexer autant les hommes que les femmes.

Vous êtes un GOUJAT

Avec un comportement intentionnellement railleur, vous sortez avec inélégance de toutes les situations qui vous dérangent. Malotru reconnu, mufle, sagoin, ce n'est pas votre incivilité et vos manières qui sont drôles mais l'origine de votre qualificatif. Le goujat, il y a des dizaines de lurettes était un soldat, chargé des pires corvées… ce qui a altéré son caractère et ses façons, maintenant, c'est vous qui perpétuez la tradition.

« L'étonnante facilité avec laquelle un honnête homme devient une brute et un galant homme un goujat, quand sa vanité est en jeu, est quelque chose d'extraordinaire ». (G. Courteline).

En exprimant ce que vous pensez, *vous* avez le courage de ne pas chercher à séduire.

Vous aidez les gens à affronter les difficultés en les vaccinant contre le désenchantement.

Vous êtes GOULU

(De gueule) …Vorace, glouton, vous aimez la bonne chère que vous mangez avidement. Avoir le ventre plein est pour vous, une nécessité, le jeûne ne vous convient pas du tout.

Assez peu exigeant sur la réputation des recettes il n'est pas besoin de fond de veau, bouquet garni et beurre clarifié pour vous satisfaire. La quantité des aliments et de leurs calories étant plus importante que leur qualité.

Vous dévorez la vie avec entrain, cherchant avant tout à obtenir un plaisir roboratif qui vous satisfait. Vous appréciez joyeusement ce qu'il vous procure sans vous attrister de ce qu'en pense autrui.

La nature dans sa simplicité est d'une sagesse infinie, Jamais elle ne se serait donné le mal de créer des melons et des cerises si elle n'avait pensé que certains comme vous auraient besoin de portions plus grosses que les autres.

Vous êtes GOURMAND

Bon vivant, heureux de profiter des joies de l'existence, vous connaissez la technique exacte du gratin dauphinois, de la bouillabaisse et de la Pavlova. Dans la blanquette de la vie, vous n'aimez pas le réchauffé.

Vous communiquez aux autres les recettes du bonheur que vous exécutez à la perfection. Vous savez profiter avec un joli coup de fourchette, des joies qui se présentent sans en faire tout un plat avec la mémoire du gout suivie de la reconnaissance du ventre. Ici la béarnaise est sublime, là c'est la sole juste saisie…

Vous avez la culture d'un guide gastronomique, connaissant presque en temps réel, les restaurants qui se lancent.

Vous êtes GRINCHEUX

Sorti tout droit d'un conte des frères Grimm vous êtes en permanence maussade, renfrogné, bougon, et grognon. On ne s'adresse à vous qu'en cas de besoin, sachant que la réponse sera revêche. En vous voyant on pense qu'une armée de catastrophes a squatté votre tête. et piétiné toute bouture de gentillesse.

Tel un metteur en scène sous doué associé à un mauvais auteur, vous avez créé une ambiance morose avec un scénario si raté, qu'il découragerait un intermittent du spectacle en fin de droits, de vous donner la réplique.

Votre attitude éloigne de vous les importuns évitant perte de temps et bavardages inutiles, elle vous dispense d'écouter le récit interminablement détaillé et exagéré du bonheur des autres.

Vous êtes GRIVOIS

Ne mettez pas cela, s'il vous plait sur le petit dos des grives qui n'ont rien à voir avec votre vie privée. Laissons-les voler de leurs propres ailes, on les accuse déjà de se saouler !

L'œil coquin, la pupille libertine vous raffolez des ambiances sensuellement équivoques. Libre et hardi on ne peut toutefois vous reprocher d'être obscène. Vous êtes à la pornographie ce qu'est un dessin animé a un film d'amour : joyeux assez fin et jamais grossier sauf lorsque vous déshabillez une personne du regard… sans la rhabiller ensuite.

Vous apportez avec vous une ambiance joyeusement délurée. En face de chaque sujet qui vous intéresse, votre regard expressif fait le tour de la question.

Vous avez les qualités d'un coach : vos allusions réveillent les libidos ensommeillées ou étiolées par

manque de motivations et d'exercices. Il y a des sportifs essoufflés qui incitent à reprendre le jogging, vous c'est autre chose, mais cela peut y ressembler.

Vous êtes GROS

On vous trouve enveloppé : la belle affaire, vos mains sont potelées, vos joues abritent des fossettes comme les platanes des mésanges, (mais je crois que nous nous éloignons du sujet !).

Vous avez bien le droit d'aimer les gâteaux et, comme Winston Churchill, d'éviter le sport. Ayons un ppp = petite pensée posthume, pour ce pauvre Antoine baron Gros (pour l'éternité) qui ne l'étant pas, put grimper sur des échafaudages pour décorer la coupole du Panthéon…. Il se suicida à 64 ans et fut enterré au Père Lachaise. Convenez qu'il y a tout de même des karmas particuliers…

Être enveloppé, c'est un signe de gentillesse (dans les contes les gros sont gentils et les maigres méchants). Quelqu'un de dodu c'est quelqu'un de visiblement humain et chaleureux.

Vous vivez dans l'opulence. Votre stature généreuse s'impose, rassure et amincit généreusement vos voisins.

Vous êtes GROSSIER

Nom d'un chien ! (Pardon à tous les Pluto®). Vous êtes résolument fâché avec la bienséance, pourquoi dites-vous des gros mots ? Selon l'expression à lire au second degré, ce n'est pas « du français que vous causez… mais de la peine à ceux qui vous écoutent ! ». Vous choquez et dérangez par votre comportement et vos propos inadaptés.

Pour l'académie grossier se dit « d'un corps quand il a un air de rudesse joint à l'opacité » ce qui vous décrit parfaitement. Sortant fréquemment de la route de la bienveillance, vous accumulez les embardées verbales.

Être grossier cela peut devenir culte « Patricia, mon petit, je ne voudrais pas te paraître vieux jeu ni encore moins grossier, mais ton Antoine commence à me les briser menu ! » (Les Tontons Flingueurs).

Vous êtes solide, réactif et direct. La variété de votre vocabulaire enrichit celui des autres de possibilités inconnues… et que dire de leur imagination.

Vous êtes GUINDÉ

Avec un guidon comme colonne vertébrale, vous avez la raideur d'un tube d'acier. Etymologiquement vous vous êtes élevé, au moyen d'une grue, d'une poulie, ou d'une guinde.

Sans doute est-ce la peur de tomber qui vous a donné ce style raide, apprêté, compassé, maniéré, recherché et cérémonieux.

Votre posture en I vous assure de n'être pas voûté quand votre gâteau d'anniversaire aura plus de bougies que de contexture. Vous êtes considéré comme maniéré, sans doute, mais aussi comme quelqu' un de maitrisé de sérieux et de fiable. Ce qui vous rend crédible et permet d'économiser des mots pour convaincre.

Vous obtenez plus vite et avec un taux plus bas un crédit auprès des banques. Le vendeur n'ose pas glisser dans votre paquet des grappes fatiguées ou des mandarines molles… On vous respecte avec un peu de crainte. : le gagnant c'est vous !

Vous êtes HÂBLEUR

Beau parleur, audacieux, bonimenteur, narquois, vous avez tous les paramètres d'un homme orgueilleux et vantard, en version loquace. Il est difficile de vous interrompre dans vos promenades verbales par peur de recevoir une rebuffade en cadeau.

Vous maniez les phrases avec la dextérité d'un fabricant de sucres d'orges, sur sa plaque de marbre, au bord de la plage. Comme lui vous attirez les curieux sans les retenir longtemps

Vous avez l'art et l'audace de parler de vous avec plaisir et d'enjoliver la réalité par des paroles convaincantes et des arguments inoxydables. On admire votre facilité d'élocution et le contentement que vous avez de vous. Votre jeu distrait et intéresse par son audace et son habileté.

Vous êtes HARCELEUR

Houspilleur fatigant, tracasseur, importun, turlupineur, contrariant, vous lancez en permanence des petites attaques, tourmentant les uns, effrayant les autres. Vous avez pris l'habitude de renouveler ces actions et plus gravement d'agresser des personnes pour le plaisir d'agacer et de vous imposer. Avez-vous donc si peur de ne pas exister et que l'on vous oublie ou voulez-vous vous venger de quelqu'un.

Votre méthode n'est sûrement pas la meilleure. Il y en a de plus sereines comme d'être grandiose ou même simplement gentil.

Vous manifestez un intérêt réel et répétitif pour vos victimes, ce qui dans d'autres circonstances passerait pour généreux.

Avec un contentement perceptible vous faites sortir de leurs gonds vos interlocuteurs et cela vous occupe et vous plait.

Vous êtes HAUTAIN

Votre condescendance (la composition de ce mot mérite d'y réfléchir), vous convainc d'être une personne supérieure. La tête haute, orgueilleux, arrogant et d'un abord difficile vous toisez les autres avec une supériorité matelassée de mépris. Juché sur de hauts talons imaginaires, telle une star, vous vous imposez avec distance et froideur.

Les soixante-huitards vous trouvent « bêcheur », les linguistes « abscons » les aristocrates « outrecuidant » les autres « suffisant » … parce que cela suffit ! La générosité n'a pas trouvé de place dans votre existence, la simplicité non plus.

Persuadé que la médiocrité « grand teint » des autres ne saurait déteindre sur vous, vous les côtoyez

Vous avez besoin d'eux : être hautain sans être vu, ce n'est pas du jeu, c'est comme jouer au ping Pong tout seul.

Vous avez une haute opinion de vous-même et une petite des autres. Mais qui peut prouver que vous avez toujours tort. ?

Vous êtes HERMÉTIQUE

Fermé comme une Saint Jacques, il ne vous manque qu'une poignée d'algues pour camoufler votre coquille. Vous avez le profil parfait d'un Hermite ou en version plus fantaisiste d'un Moine Trappiste. De façon plus claire, vous avez les caractéristiques d'un ancien espion commandant de sous-marin contrarié et muet.

Les personnes sensibles, découragées par votre mutisme ne savent quoi penser, les plus audacieuses prennent le large. Vous communiquez rarement vos impressions ou alors goutte à goutte dans une lente perfusion.

Pro du secret, vous savez être discret n'étalant jamais votre vie privée ou professionnelle. On ne sait ni ce que vous faites, ni ce que vous ressentez… Et cela vous convient d'échapper à l'analyse des jugements.

On peut vous faire confiance votre mutisme exemplaire vous protège hermétiquement de toutes les attaques à votre bonheur.

Vous êtes HÉSITANT

Vous pesez sans cesse le pour et le contre, envisageant les conséquences embrouillées des choses que vous n'avez pas faites et de celles que vous avez failli faire.

Autant dire que vos nuits sont courtes. Incapable de renoncer ou de faire face à ce non-choix, vous avez peur de vous décider à vous endormir.

Pensez à ces héros : Magellan ou Breguet… Si cela se trouve Bréguet a hésité entre faire le tour du monde en pédalo ou en avion et Magellan, regardant le ciel, a peut-être envié le vol des oiseaux.

Il n'y a rien de honteux à hésiter, même les meilleurs voyants, n'étant certains de rien, hésitent entre plusieurs prémonitions que les statistiques multipliées par le hasard rendront plausibles.

Vous êtes HUMILIANT

Que vous soyez maladroit, avilissant, ou dégradant, le résultat est le même : vous blessez les personnes qui ont la malencontreuse idée de vous connaitre. L'ambiance que vous apportez s'en trouve mortifiée, vexante et amère.

Vous n'ignorez pas que l'humiliation dessine dans le cœur des tatouages peu délébiles. « Moi ce que je trouve humiliant, c'est d'être aimé pour ce qu'on est », (Patrick Schulmann : Et la Tendresse Bordel)

Votre attitude est compréhensible et justifiée puisque la joie que vous éprouvez est supérieure à la peine que vous distribuez.

Avec une perception fine due à une intelligence remarquable, vous savez en un mot remettre les gens à leur place. L'humilité étant considérée comme une vertu, vous leur rendez un vrai service.

Vous êtes HYPERACTIF

Avec vos douze bras et vos huit jambes, vous semblez sortir d'un film d'animation ou d'une boite de Playmobil®. Vous êtes mi humain, mi robot avec cent mille idées dans la tête. Vos projets se chevauchent, certains tombent plus ou moins bien, d'autres sont expédiés. Votre appétit de vivre et votre enthousiasme jouent à saute-mouton.

Pour vous la vie est un jeu ou le gagnant est celui qui s'agite le plus. Vous êtes capable de tout… sauf de vous arrêter.

Comparée à vous Vichnou n'est qu'une fainéante. Dynamique et entreprenant vous donnez à chacun un exemple d'implication tenace et de courage. On vous observe on vous admire à votre contact on se sent maladroit et paresseux… on se promet de vous imiter : incontestablement le meilleur : c'est vous.

Vous êtes HYPERSENSIBLE

TOUT vous touche, vous atteint, vous fait rire ou pleurer, même les bonnes nouvelles. Réactif à l'extrême, passant du rire aux larmes, vous ne supportez ni le bruit ni l'agitation ni ce qui vous contrarie, ni ce qui vous arrive.

Vous êtes particulièrement susceptible, interprétant de plein fouet la moindre remarque désagréable,

Attentif à l'extrême, vous avez le sens de la délicatesse et celui des nuances. Vous percevez les choses avec une finesse particulière.

On pense à vous, chacun se préoccupant de vos réactions, cherche à vous protéger en vous présentant les choses en version sous-titrée. Vous êtes entouré et reconnu. « Si l'on n'est pas sensible, on n'est jamais sublime » (Voltaire).

Vous êtes HYPOCONDRIAQUE

Atrabilaire, vous êtes le seul à lire le mode d'emploi des médicaments pour vérifier si la version anglaise ou allemande dit bien exactement la même chose.

Dans vos rêves érotiques vous jouez au docteur avec une infirmière, une cardiologue, ou mieux une anesthésiste… Les radiologues vous intéressent moins, sans leur matériel encombrant, elles sont peu efficaces.

Certaines personnes comme vous, ont tellement peur d'être malades qu'elles attendent, pour aller voir le médecin, d'être guéries. « La maladie grave est une mort en sursis pour le pessimiste et une simple mésaventure pour l'optimiste. » (S. Boudiaf).

Les problèmes de santé ne vous surprennent jamais, vous les attendiez de pied ferme avec presque une sorte de curieuse impatience.

Vous êtes tellement documenté que vous savez protéger votre santé, plus et mieux que quiconque.

Vous êtes HYPOCRITE

(Du Grec humorisais = mimique), fourbe, chafouin, dissimulateur, patte-pelu, retors, vous portez une dévotion certaine à Sainte Nitouche (sanctifiée par Rabelais). Cherchant par ce biais à gagner ultérieurement quelques années d'indulgence plénière.

« L'hypocrite donne six sous pour avoir vingt francs de gratitude ». (Jules Renard).

Par souci d'être aimé et de ne pas déplaire, vous cachez vos impressions pour en exprimer de fausses qui vous semblent convenir mieux à ce que vous pensez que l'on attend de vous. « L'hypocrisie est un hommage que le vice rend à la vertu. » (La Rochefoucauld).

Avec diplomatie, vous dites ce qui convient aux uns et ce qu'ils attendent aux autres. Ils vous en sont reconnaissants. Tant pis si cela est contraire à ce que vous pensez.

« L'hypocrisie peut être une forme presque **héroïque de charité** » (Paule Saint-Onge).

Vous êtes ICONOCLASTE

Fuyant les convenances et les traditions, sacrilège refusant les conseils de l'expérience, vous ne tenez pas compte des usages, des traditions et des avis.

Mécréant, briseur d'images, vous vous en remettez uniquement à vos impressions et à votre intuition.

Choquer vous convient. En exprimant un avis systématiquement dérangeant vous êtes fier de générer chez les gens de l'incrédulité, de l'étonnement et des interrogations suivies de possibles remises en question.

Si l'on vous critique c'est parce que vous êtes quelqu'un d'intéressant. Les personnes comme vous font avancer les idées, bousculent les traditions et le monde avec l'influence de leur fantaisie et de leur idéologie informelle.

Vous êtes IGNARE

Sans trop d'instruction, vous écrivez ignare avec un d, (toutefois oralement, la faute passe complètement inaperçue). Votre vrai défaut c'est que vous ne cherchez pas à apprendre. Les infos et connaissances glissent sur vous comme la neige sur les toits ...

Vous vivez même normalement sans savoir que Sébastien Zamet en 1648 a ordonné Jacques-Bénigne Bossuet à Langres. Bon l'erreur est réparée, puisque maintenant vous en avez pris connaissance.

Selon Jean Antoine Petit, dit « John Petit-Senn » (pourquoi ce changement de nom ? peut-être des ennuis avec des ex, les impôts ou la police ?) « Les nobles sentiments appartiennent aux gens instruits comme aux ignares, les uns les expriment, les autres les éprouvent ».

Vous avez l'art et la science de vivre avec vos seules connaissances personnelles que les philosophes et autres érudits nomment le bon sens.

Vous êtes IMBU

(Du vieux français emboire = rempli). Donc plein de vous-même, vous ne laissez pas beaucoup de place aux autres, dans votre jardin planté de glorieux lauriers qui font de l'ombre aux voisins.

Fier et content de vous, perceptiblement infatué, présomptueux et arrogant, vous affichez une autosatisfaction qui vous semble naturelle sans vous préoccuper d'être le seul à partager cet avis.

Vous avez en vous promotionnant le talent de vanter les qualités d'un produit qui ne le mérite pas

(comme le ferait un représentant pour un cirage fondant sous la pluie etc…) Vous ne doutez jamais de vous, ni de votre talent, ni de votre supériorité.

Vous êtes IMMATURE

Vous vivez bloqué, perché dans un monde adolescent sans responsabilités ni conséquences, peuplé de B.D. de sodas, de tee-shirts à messages et de musique techno. Pendant vos conversations téléphoniques, vous dessinez des bulles de cartoons.

Resté dans vos rêves puérils, vous êtes bousculé par la réalité puisqu'on ne vous accorde qu'une confiance relative.

Votre angle de vue est original. Vos proches et surtout vos parents cherchent à vous protéger, mais pas forcément à vous faire sortir de cette jeunesse qui les rajeunit.

Vous avez un esprit tellement enfantin que vous jouez à la vie avec des déguisements. Vous avez la chance d'ignorer tout ce qui est vieux ennuyeux et contraignant.

Vous êtes IMPATIENT

Nous n'allons pas nous éterniser sur votre cas : votre pied tapote, vos doigts pianotent, vous vous mordez les joues, le temps pour vous n'en finit pas de s'échapper. Pressé, irritable, indocile et fougueux, vous bousculez vos jours sans profiter des joies qui présentent leur candidature.

« Ne soyez jamais trop impatient devant un feu rouge. Songez que, lui, il a eu la patience de vous attendre toute la journée ». (A. Guillois)

Vous vous offrez en piaffant, une existence riche en rebondissements. Vos actions s'emboitent parfaitement les unes dans les autres.

Dynamique, réactif et pressé vous ne perdez jamais une seconde ce qui vous permet de gagner des moments d'existence comme des bons gratuits.

Vous êtes IMPERTINENT

Irrespectueux et provocateur, faquin irrévérent, vous choquez par la liberté, le caractère déplacé, et l'insolence de vos manières et de vos paroles. Vous éprouvez un plaisir certain à prendre le contrepied de tout en vous balançant, avec un sourire narquois.

On vous écoute avec stupéfaction, la compréhension, arrivant souvent un peu en retard chez les personnes réfléchies et sérieuses.

Vous avez la chance d'être intelligent et vif, (l'impertinence est célère) et d'avoir une certaine dose d'humour. « Un air impertinent et content de soi en impose aux femmes et agace les hommes » (Ivan Tourgueniev).

Vous jouez en riant à provoquer, allant presque trop loin, juste par bravade et curiosité pour observer la réaction des gens. Et cela vous enchante.

Vous êtes IMPÉTUEUX

Fougueux, vous bouillonnez, colérez, explosez… Impatient et turbulent, vous exagérez votre vie avec la violence d'une tornade. Vous êtes inconstant comme l'orage, agité pour un rien ou juste par habitude comme d'autres ont des tics ou des tocs.

Ceux qui n'ont pas peur de vous, disent que vous faites beaucoup de bruit pour rien, les autres cherchent à s'abriter loin de vos tempêtes.

« Où vais-je ? Je ne sais. Mais je me sens poussé D'un souffle impétueux, d'un destin insensé. » (Victor Hugo).

Rapide et passionné. Vous vivez à deux cents à heure, heureux de franchir des obstacles et d'aller toujours plus loin dans votre course.

Vous êtes IMPOSSIBLE

Insupportable, intenable, intolérable, invivable et inexcusable, il est difficile de vivre avec vous, d'admettre et de supporter votre caractère, extravagant. Beaucoup de défauts se sont visiblement attachés à votre personne.

Il faut une inusable patience, une indulgence à toute épreuve, un courage absolu beaucoup d'amour et d'abnégation pour rester à vos côtés puisque comme le confirme le proverbe latin, « à l'impossible nul n'est tenu ».

Ceux qui vous aiment assez pour vous supporter sont sans conteste, des personnes de qualités. Dans la provocation vous êtes fièrement décidé à n'en faire qu'à votre tête avec un sentiment exaltant de puissance et de liberté.

Vous êtes IMPRESSIONNABLE

Sensible à l'extrême les faits éclatent comme du popcorn dans votre tête. Un simple bruit, un cri, une image, des paroles vous bouleversent ! Ne parlons pas des lieux maudits que nous propose L 214 comme les poulaillers les boucheries ou les abattoirs. Ce visage pâle et crispé un peu décomposé que l'on aperçoit à la sortie du Ciné, c'est bien vous. Mais pourquoi être allé voir un film d'horreur ? Personne ne vous y a obligé sinon une petite envie soudaine d'avoir simplement peur pour jouer, pour voir.

Faites-vous interdire de films violents comme d'autres de casino. Et pendant que vous y êtes également de secourisme.

Vous avez la chance d'être sensible, d'"éprouver des sentiments délicats et subtils inconnus des personnes endurcies avec leurs cals affectifs dans le cœur.

Vous êtes IMPRÉVISIBLE

Vous vivez à l'instinct. Vos actions inattendues et déroutantes, semblent avoir été tirées au sort.

Il est impossible d'imaginer ce que vous allez faire. La meilleure des astrologues en perd la boule. « Au lieu de planifier l'imprévisible, rêvons ensemble du futur ». (Jean-Marie Descarpentries).

Décidant de tout au dernier moment, votre comportement à géométrie variable, impose à ceux que vous côtoyez de faire l'effort de s'adapter au climat changeant de votre météo. Prouvant ainsi à quel point ils vous sont attachés.

On ne s'ennuie jamais avec vous. D'ailleurs vous non plus occupé et distrait par le tourbillon aléatoire de vos décisions changeantes.

Vous êtes IMPRÉVOYANT

Insoucieux, écervelé, étourdi, imprudent, inconséquent et irréfléchi, vous ne suivez aucun programme.

Collectionneur d'imprévus et d'aventures, pourvu qu'ils ne vous dérangent pas trop, les évènements qui vous concernent s'emboitent librement d'eux-mêmes. Certains tombent plus ou moins bien, sans que vous éprouviez l'envie de les ramasser. La société a renforcé ses écluses, « nul n'est censé oublier la loi » (ni… son passeport).

« Pour ce qui est de l'avenir, il ne s'agit pas de le prévoir, mais de le rendre possible ». (Antoine de Saint Exupéry).

Vivant au jour le jour de façon irréfléchie, vous utilisez des trésors d'imagination pour éviter ou réparer les catastrophes. Optimiste par distraction, désorganisé par décret, vous vous fiez au hasard en faisant confiance à la chance. Votre vie est originale, passionnante et créative.

Vous êtes IMPRODUCTIF

L'insouciance est votre inspiration, incapable d'anticiper d'organiser et de prévoir, vos actions sont gratuites comme celles des bénévoles. Avec le détachement d'un artiste possédé par la fièvre de sa création vous êtes insensible au résultat,

L'efficacité est un mot qui n'a pas beaucoup de sens pour vous qui vivez sans connaitre 'les 5 S', méthode culte japonaise, bible de l'efficacité. (Pour mémoire : Seiri = débarras, Seiton = rangement, Seiso = nettoyage, Seiketsu = standardiser, Shitsuke = discipline). Mais cela visiblement ne vous concerne ni ne vous passionne. !

Votre luxe est de ne pas attendre de réussite matérielle. Vous êtes un exemple de générosité passive et de lâcher prise. Insensible à la productivité votre vie mérite le label végan.

Vous êtes IMPRUDENT

Optimiste, convaincu, persuadé que les choses se passeront bien, ou dans le cas contraire, s'arrangeront d'elles-mêmes, vous prenez des risques avec une parfaite inconscience, sans prêter attention aux conseils qui s'agitent autour de vous. Vous n'avez ni pantoufles ni réserves ni un stock de choses inutiles pour le cas où...

Ce qui est plus ennuyeux, c'est que lorsqu'un évènement fâcheux arrive, vous ayant prévenu du danger, personne ne vous écoute ni ne vous plaint. Comme si les gens se remboursaient de l'insouciance qu'ils vous ont jalousé.

Chaque héros pour le devenir a été imprudent. Vous faites donc partie de cette catégorie courageuse capable d'assumer volontairement et de faire face aux risques.

Votre vie de cascadeur sans casque est intéressante et généreuse.

Vous êtes IMPUISSANT

Que ce soit pour vous définitif comme un arrêté de la Cour des Compte, ou semi permanent comme les nouveaux vernis Chanel : peu importe cela concerne votre vie privée et n'est pas toujours facile à assumer.

La belle affaire... vous avez la chance de faire de vraies nuits, de posséder un compte où fleurissent les économies faites sur les fleurs et les diners... qui facilitent généralement le suivi des rencontres.

Bonne nouvelle grâce à cette sagesse imposée, vous êtes à l'abri de maladies vexantes. « Nous l'avons, en dormant madame, échappé belle » On ne peut cependant affirmer que Molière à travers Trissotin évoquait précisément cet aspect-là des choses. Différent des autres, vous êtes-vous, et c'est cela qui importe.

Vous êtes IMPULSIF

(Du latin impelare pousser) : vous agissez d'abord et regrettez après, avant... serait plus compliqué ! Depuis votre sortie de prison, pour trois minutes d'agression chez le teinturier, la loi, sur le plan sportif, ... vous interdit de fréquenter les salles de tir, d'escrime, de tir à l'arc et même les terrains de pétanque.

Nul besoin de réfléchir, pour voir que cette imperfection vous est défavorable. « Il ne faut pas céder à l'impulsion : il faut, au contraire, la plier au devoir de chaque instant. » (Roland Lorrain).

L'impulsion est une énergie créative indispensable que l'industrie a su capter dans ses moteurs.

Vous êtes dynamique, décidé et entreprenant en décidant courageusement votre point de vue.

Vous êtes INACCESSIBLE

Distant, inabordable, inapprochable, insaisissable, vous êtes seul comme un acteur sur scène, dans un théâtre vide ou une star oubliée sur son piédestal. Il est difficile de vous atteindre et inutile d'essayer de vous rejoindre, fuyant la proximité, tel un moineau, vous partiriez ailleurs.

Votre comportement décourage et éloigne les meilleures volontés. « L'inaccessible, on le fabrique soi-même ». (Romain Gary).

Vous êtes loin d'être seul : 1% des français a un trouble psychologique « évitant » ce qui concerne tout de même 665.241 personnes. Du haut de la tour ou vous vivez, fier de votre indépendance, vous n'êtes ni interrompu, ni dérangé dans vos pensées, ni conseillé ce qui est encore mieux.

Vous existez librement par vous-même et bénéficiez chaque jour comme dans les matchs de foot, des minutes de prolongation offertes par votre

indépendance. A la fin d'une vie cela fait au moins un an de gagné, bravo !

Vous êtes INATTENTIF

Etourdi, votre esprit vagabonde dans l'insouciance. Vous attendez un train sur un mauvais quai, avec un billet pour le lendemain. Après avoir reçu des amis vous retrouvez les petits gâteaux dans leur emballage. Vous oubliez vos médicaments chez le fleuriste et vos fleurs chez le libraire…

Votre distraction fait de vous faites un très mauvais témoin. La police ne s'intéresse pas à votre récit imprécis, qu'elle arrache de l'imprimante et jette avec agacement dans la corbeille.

Les contingences ne vous contraignent pas. La pleine conscience ne vous concerne pas.

Votre inattention vous distrait de certaines joies ce qui n'est pas très grave puisqu'elle vous protège également de peines et de chagrins beaucoup plus ennuyeux.

Vous êtes un INCAPABLE

De quoi n'êtes-vous pas capable sérieusement si c'est de faire du mal on peut considérer cela comme un bien. L'utilisation de ce mot permet, sans la préciser, d'exprimer une exaspération générale signifiant que vous êtes actuellement « mal vu ». Il faut en déduire que vous n'avez pas fait ce qu'autrui souhaitait.

Vous n'avez pas inventé la roue, et alors ? les sumériens l'ayant fait avant vous, on vous aurait accusé de contrefaçon au tribunal de La Haye…

Incapable ce n'est pas crédible vous faites beaucoup de choses très bien comme respirer, marcher… Si cela

vous tente suivez le conseil d'Eleanor Roosevelt « Vous devez faire les choses que vous vous croyez incapable de faire ». Mais rien ne vous y oblige.

Les psys ont découvert l'effet du « stress adapté » qui dans un danger ponctuel transforme les incapables en héros. En attendant, vous êtes protégé des contraintes et des critiques : on n'attaque pas les personnes incapables, de nos jours, ce serait peu décent.

Vous êtes INCOMPÉTENT

Distrait peu efficace, faiblement motivé, vous n'avez pas les capacités de faire parfaitement ce que vous faites, ni bien sûr de gagner des compètes. « L'avis de la majorité ne peut être que l'expression de l'incompétence » (René Guénon).

« Un avocat incompétent peut retarder un procès pendant des mois ou des années. (Ce qui n'est déjà pas mal) Un avocat compétent encore plus longtemps ». (E. Younger)

Rassurez-vous, même les personnes les plus douées sont inaptes dans les secteurs qui leur sont étrangers. Vous avez obligatoirement des qualités puisque tout le monde en a. Déjà par comparaison, vous mettez les autres en valeur. Il y a chez vous une sorte de maladresse de naturel et de simplicité qui ne manquent pas de charme.

Vous êtes INCONSTANT

Vous aimez l'imprévu, le changement et la variété : royaliste en vous levant, socialiste à midi, indépendant le soir, vous commencez un régime végétalien... qui se termine chez Mac Do. Ce qui vous intéressait récemment est vite devenu hors sujet. Votre vie, vos choix, vos désirs, vos sentiments, étant mobiles avec vous rien n'est acquis.

Les personnes qui vous aiment doivent être solides, compréhensives et patientes, pour supporter et résister à vos changements.

« Je t'aimais inconstant qu'aurais-je fait fidèle » (Racine). Vous connaissez une foultitude de choses qu'une vie à géométrie variable vous a fait croiser, rencontrer, connaitre ou comprendre.

Vous êtes INCULTE

Naturel et simple, tel un champ de coquelicots et de plantes sauvages, vous n'avez pas eu de contact suivi avec la culture traditionnelle. Libre d'avoir fait l'école buissonnière, votre enfance s'est promenée dans des rêves. Vous n'avez pas jugé utile d'apprendre les choses que l'on trouve facilement dans des livres.

« On est toujours analphabète, inculte, par rapport à quelque autre… ». (J.M. Adiaffi).

Vous reconnaissez avec générosité le savoir des autres sans la fâcheuse mesquinerie de les interrompre pour souligner leurs erreurs avec ostentation. Vous n'avez pas besoin d'avoir raison pour vivre heureux « Je ne sais pourquoi je trouve du charme à regarder un champ inculte. Cela représente le possible » (Victor Hugo).

Vous êtes INDÉCIS

Diplômé en hésitation avec la mention bien, vous vous balancez entre oui et non, oui ou non et ni oui ni non.

Regrettant les décisions que vous n'avez pas prises, vous êtes paralysé à l'idée d'en prendre de nouvelles.

« L'indécis laisse geler sa soupe de l'assiette à la bouche. » (Cervantès).

Aucune décision n'est bonne à 100% (excepté pour les gagnants du loto ! et encore, si le gain est inférieur à celui de la semaine dernière... c'est contrariant). Adaptable, vous rencontrez un maximum de possibilités que les personnes déterminées, têtues ou butées ignorent. Votre jugement élastique souple et non définitif augmente les possibilités numériques donc la richesse de vos choix.

Vous êtes INDÉLICAT

Vous écoutez, fouillez et parfois trahissez. Incorrect, déloyal, légèrement fourbe et pas vraiment honnête, vous sautez à pied joint sur la discrétion, la réserve, la probité et leurs contraignantes conventions.

Vivant librement, sans beaucoup de foi ni de lois, les nuances sociales vous échappent, les regrets aussi. Avocat au service exclusif de votre comportement, vous ne vous intéressez jamais à la défense d'autres personne. « Il est plus facile de mettre un enfant au monde que de mettre un locataire indélicat à la porte ». (Pierre 1er de Serbie). Son épouse n'aurait peut-être pas pensé la même chose.

Etant d'accord avec vous-même, les scrupules ne vous empêchent jamais de dormir. Votre conscience solide en fibres synthétiques vous protège des remords et de leur aggravation qu'est le repentir.

Vous êtes INDIFFÉRENT

Désinvolte, détaché et insouciant vous aimez la tranquillité qui se décline discrètement. Tel un opéré sortant du bloc, votre esprit semble anesthésié. Ce que font les autres les regarde et ne vous intéresse pas. Vous ne dites rien, peu de choses vous importent. Vous gardez vos impressions pour vous en ne votant jamais, Cela ne vous concerne pas et vous intéresse encore moins.

« Il faut être très fort, ou très stupide, ou complètement usé pour être indifférent ». (Alexandra David-Neel).

Vous avez la délicatesse de ne jamais vous mêler des affaires des autres. Vous êtes suffisamment occupé par votre propre existence pour ne pas chercher à vous introduire comme un cambrioleur dans celle des gens. Un psy pourrait en déduire que vous leur manifestez un respect absolu.

Vous êtes INDISCRET

L'ouïe fine, le regard intrusif, capable de lire à l'envers un annuaire ou un livre de la Pléiade, vous fouillez dans la vie des autres avec la curiosité d'un archéologue, le sans gêne d'un bernard l'ermite et la mémoire réversible d'un traitre.

Votre vie est si vide que vous barbotez dans celle de personnes qui ne le souhaitent pas. Sachant tout sur tous, vous êtes un allié précieux de la police en cas de problème relevant des assises. Et même en... à sa naissance le fils cadet des X ressemblait étrangement à son parrain ! ...

Vous avez les qualités d'un détective privé, la ténacité d'un espion. On ne peut certainement pas vous reprocher d'ignorer les gens.

« Savez-vous que c'est fort mal d'écouter... mais c'est encore ce qu'il y a de mieux pour entendre » (Beaumarchais).

Vous êtes INDIVIDUALISTE

Vous revendiquez votre liberté, en affirmant votre autonomie. Inutile de vous proposer de vous fondre dans un groupe, de vous inscrire dans un club de réflexion, de tennis ou d'échasses...

Même le mariage que l'on peut considérer comme un club à deux ne vous convient pas particulièrement. (Et encore moins à votre éventuelle moitié, en espérant qu'elle ne soit pas réduite à un tiers).

Solide indépendant, ayant du mal à accorder votre confiance, dans cette solitude affichée et voulue, vous êtes capable de vivre et de vous débrouiller seul en ne comptant que sur vous.

« Un travers que l'on possède seul fait plus d'honneur qu'un mérite que l'on partage avec quelqu'un ». (Claude-Prosper Jolyot de Crébillon).

Vous êtes INDOLENT

Amorphe, mou et négligent mollasson et lambin, vous agissez surtout par inaction.

Fuyant les efforts les contraintes, la précipitation, le bruit, l'agitation et tout ce qui pourrait vous externaliser de vos rêves, on pense que vous reculez pour mieux sauter… mais comme vous ne sautez pas !

Si vous avez assez d'énergie pour vous présenter au concours de DESS de procrastination vous pouvez être assuré de réussir brillamment avec les félicitations du jury.

Votre calme vous donne un air posé qui rassure les anxieux. Vous conservez un cœur protégé et des nerfs reposés par la non-violence et l'absence de soucis, de stress et de fluctuations.

Vous êtes INDOMPTABLE

Dans le cirque de la vie, tel un fauve, vous refusez de vous ridiculiser en grimpant sur un tabouret pour traverser le cercle de feu. Vous faites ce dont vous avez envie, quels que soient les conseils reçus, quels que soient les dangers, quels que soient les enjeux.

Vous aimantez les ennuis et les difficultés avec ce caractère intrépide et agressif que l'on retrouve chez certains multi divorcés, contestataires ou prisonniers, tous incarcérés par l'impossibilité de se soumettre à la société. Il est inutile d'essayer de vous convaincre, cela va au contraire vous inciter à vous rebeller.

Votre énergie et votre détermination vous permettent de vous sentir libre, fort et de dominer les personnes ainsi que les évènements.

Vous êtes heureux en version isolée et sauvage.

Vous êtes INEFFICACE

Ce que vous faites oscille entre pas assez, et trop, vous noyez vos cactées, à côté de camélias qui meurent de soif... et c'est comme cela pour tout. Contrairement à l'homme-orchestre qui tire le maximum de ses instruments. Vos deux mains ne vous servent pas à grand-chose sinon à terminer normalement vos bras.

Le manque de motivation bride votre savoir-faire comme un blister sur une boite de fruits confits que vous ne sauriez retirer avec seulement un doigt. Vos proches agacés vous interrompent pour exécuter à votre place ce que vous avez à faire et cela n'arrange pas les choses.

Si vous avez des désirs de grandeur créez le club des « coups d'épée dans l'eau » et vous rencontrerez beaucoup d'impétrants.

Au niveau du karma collectif vous contrebalancez les méfaits de ceux dont le seul but est l'optimisation permanente de tout ce qui se présente.

Vous êtes INEXPRESSIF

Eteint, figé, le visage immobile, comme un pensionnaire du Musée Grévin, (Alfred G.... 1827-1892 est mort, comme vous le voyez, à 65 ans, probablement pressé de découvrir sa doublure en cire et enfin... se voir de dos).

On croirait que vous avez appris le muet comme langue maternelle. Enfant vous êtes né vivant, spontané, les bébés sont les personnes les plus naturelles du monde. De quoi avez-vous eu peur ? On ne sait ni qui vous êtes, ni ce que vous pensez. Timidité, indifférence, mépris, chacun vous percevra dans son contexte avec une interprétation faillible.

La passivité est votre défense, elle vous rassure. Ce masque d'arrêt sur image que vous portez en permanence fait merveille dans les conseils d'administration houleux, les gouvernements, les sociétés funéraires et les cercles de poker.

Vous êtes INFIDÈLE

Une mémoire défaillante dont vous êtes la malheureuse victime, vous fait oublier une personne avec laquelle vous êtes engagé, lorsque vous en rencontrez une autre qui vous plait également. Déloyal et volage, vous risquez même de vous faire exproprier de votre mariage.

« Il y a des femmes dont l'infidélité est le seul lien qui les attache à leur mari » (Sacha Guitry) ... ! « En amour, les jeunes veulent être fidèles et ne le peuvent pas. Les vieillards veulent être infidèles et ne le peuvent pas davantage »." (Oscar Wilde).

Vous savez aimer avec passion et participer activement aux charmes de la vie des unes et des autres.

En cas de problème Sacha Guitry vous donne un argument de choix à communiquer à votre avocat « Un homme qui s'en va avec sa maitresse ne quitte pas sa femme, il la débarrasse d'un mari infidèle ».

Vous êtes INFLEXIBLE

Entêté, imperturbable, intransigeant, droit, campé sur vos jugements, certain d'avoir raison, vous ne pliez ni devant les circonstances, ni devant les arguments, ni devant les sentiments.

Vous êtes inébranlable par définition, rigide par peur du changement, orgueilleux par fierté. « Certains caractères sont inflexibles, mais ils sont extensibles ». (Stanislaw Jerzy Lec). A vous de voir s'il y a une possibilité d'assouplissement et de bonheur dans cette direction.

Puisque rien ne vous influence, vous êtes solidement, sereinement et définitivement en accord avec vous-même ce qui constitue une vraie sécurité.

Fidèle à vos valeurs vous pouvez toujours compter sur vous, de même que les gens qui savent que, quoi qu'il arrive, vous ne changerez pas d'avis.

Vous êtes INFLUENÇABLE

Collectionneur de girouettes vous êtes guidé grâce aux vents soufflés par les avis divers. Vous accueillez avec intérêt et considération les conseils que l'on vous offre, suivant le dernier que l'on vous a donné, avant d'opter pour le prochain, lui-même… en position d'intérimaire.

« J"ai pris la décision de ne plus être influençable… qu'en pensez-vous ? » (Patrick Sébastien).

Vous n'êtes pas le seul, rassurez-vous : « Plus d'un mari est tellement influençable, qu'il finit par être le double de sa moitié ». (Jean Mergeai).

Bravo vous avez le sens de l'écoute et la sagesse de tenir compte de ce l'on vous dit…Vous faites un merveilleux professeur adoré par les parents d'élèves qui jouent à Colin Maillard avec vos décisions.

Vous êtes INHUMAIN

Abominable, insensible, odieux, sauvage, implacable, et cruel, on se demande de quelle planète vous descendez ? Avez-vous été élevé par une famille d'ogres, de tigres ou d'assassins, pour faire preuve de tant de cruauté ? La passion, l'amour, la tendresse, et l'émotion, l'indulgence et la bienveillance innées chez tout être se sont enfuis.

Il serait honnête que vous annonciez qui vous êtes, à travers quelques indices : chaussures en croco, ceinture en serpent, manteau en loup. Même le métier de dompteur n'est pas fait pour vous, les fauves ayant une part de sensibilité.

La fonction de médecin légiste vous ouvre les bras … vous permettant de découper des personnes en morceaux et d'en être rémunéré. « Savoir reconnaître l'humain jusque dans l'inhumain. L'ignoble est souvent du noble ayant mal tourné » (Jean Rostand).

Vous possédez du sang-froid, et de la maitrise on peut compter sur vous pour faire face à des situations insupportables, évanouissantes pour d'autres.

Vous êtes INJOIGNABLE

Avec ou sans fil, on ne peut vous joindre et en plus, ou plutôt en moins, vous ne rappelez jamais. Les personnes comme vous devraient penser à ceux qui subissent le discours de leur répondeur cinquante fois par jour (ce qui atteste de leur part d'un véritable optimisme ou de beaucoup d'affection.) Annoncez sur votre messagerie par la même occasion, que vous n'en prendrez sans doute pas connaissance …

Tout le monde vous en veut… vous ne le faites pas exprès. Seul l'instant vous intéresse. Le passé et l'avenir sont pour vous des notions floues réservées aux philosophes.

Sachant que toute situation finit par perdre de son éclat, sinon de son importance vous laissez le temps se glisser entre les autres et vous.

Nimbé de l'aura que donne le mystère de l'absence vous respectez scrupuleusement la vie privée des autres, ne dérangeant personne par vos appels téléphoniques…

Vous êtes INJURIEUX

Partial, diffament, offensant et blessant vous exprimez librement, un avis tranché, en version insultante. Le ton monte, (la SPA et la LPO s'opposant à ce que « des noms d'oiseaux » puissent désigner des injures, on va dire que vous êtes… grossier.

Insolent et arbitraire, ingérable et peu sensible à la raison, vous aimez impressionner, ayant oublié depuis longtemps vos émotions dans le tiroir de la commode.

Avec véhémence et une certaine bravoure, vous ne vous laissez pas faire. Les gens craignant la violence de vos paroles, aussi bien dans votre vie privée que dans vos activités professionnelles, vous laissent tranquille.

Vos injures dépassent votre pensée et alors ? Vous répondez à ceux qui s'offusquent de vos paroles ce qu'en dit La Bruyère : « une grande âme est au-dessus de l'injure ».

Vous êtes INJUSTE

On représente la justice par une balance. La vôtre est visiblement déréglée. Vos impressions sont faussées ou influencées au-delà du bon sens par un manque d'attention, d'analyse ou de réflexion. « L'homme souhaite un monde où le bien et le mal sont nettement discernables car est en lui le désir inné et indomptable, de juger avant de comprendre ». (Milan Kundera).

Vous pourriez raisonnablement vous auto interdire d'être assermenté, d'exercer les métiers d'arbitre, de magistrat, d'enseignant ou de médecin… il vous reste la possibilité charmante d'être fleuriste, dessinateur… et beaucoup d'autres encore

Vous apportez aux situations l'intérêt et la richesse d'un angle de vue différent parfois imprenable ou imprévisible. Vous faites partie de ceux qui font comprendre, réagir et évoluer la justice sur l'encadrement systématique des lois.

Vous êtes INSATIABLE

Beaucoup… c'est peu, douze douzaines, insuffisant, un million ce n'est pas beaucoup, (et déjà moins qu'un million deux), trois étoiles sur l'épaulette d'un militaire c'est terne, quatre cents grammes de caviar léger, cinq tonnes de ciment ou six appartements ne pèsent pas très lourd…

Vous êtes en permanence préoccupé par l'abondance, l'accumulation et la recherche d'encore plus et… plus encore.

Vivant dans l'enthousiasme de désirer plus, vous voyez l'avenir en grand. Diogène emblème du dénuement a dit : « Cet enfant qui boit dans le creux de sa main, m'apprend que je conserve encore du superflu ».

Grâce à lui vous avez compris que votre fortune était proportionnelle au dénuement des autres et d'une façon certaine, cela vous a enrichi.

Vous êtes INSATISFAIT

« Prince au petit pois » sorti d'un conte suédois, rien ne vous convient, ni ne se passe comme vous l'auriez voulu. Vous pimentez votre vie et ce que vous en dites de commentaires négatifs.

On a bien compris que vous méritiez mieux que cette météo trop chaude ou trop froide… ces voisins et ces proches que les circonstances vous ont imposé.

C'est tellement chic à votre avis de se montrer critique, d'avoir l'air déçu… que vous ne vous en privez pas. Vous vous sentez exigeant à juste titre puisque rien ne vous convient.

Cherchant sans cesse l'amélioration dans une démarche analytique, les carrières de contrôleur financier, client mystère, critique… sont faites pour vous. « Il y a deux tragédies dans la vie : l'une est de ne pas satisfaire son désir et l'autre de le satisfaire » (Oscar Wilde).

Vous êtes INSENSÉ

Confondant sens unique, sens giratoire et sens interdit, vous vivez librement sautant à cloche pied sur ce qu'il convient raisonnablement de faire. Irrationnel, extravagant, démesuré vous avez préféré à une vie convenable, une vie originale dont la logique échappe aux personnes réfléchies.

« Le sage se demande à lui-même la cause de ses fautes, l'insensé le demande aux autres ». (Confucius).

Il vous arrive d'éprouver des joies extraordinaires et aussi de subir les conséquences difficiles de vos choix. Plus près de Van Gogh que de Poussin, votre personnalité est intéressante et riche.

Les êtres comme vous colorient le monde par leur originalité en y apportant une fantaisie distrayante et un avis nouveau.

Vous êtes INSIGNIFIANT

Cela signifie que vous n'avez pas beaucoup de signification. Inexistant, inconsistant, presque invisible, on ne se souvient ni de vous avoir rencontré ni de votre nom, ni de ce que vous faites. Les gens vous disent souvent « ah je ne vous avais pas vu », on ne vous demande pas votre avis et rarement, de vos nouvelles.

Vous vivez libre comme une ombre, tel un accessoiriste de théâtre dont toute la salle perçoit le mouvement et le travail anonyme mais jamais le visage

Actuellement les autres ne font pas attention à vous et n'en disent rien... Au moins ils n'en disent pas de mal. On ne vous remarque pas.

Votre transparence vous protège des observations, des jalousies, des critiques et vous libère de rendre des comptes et de vous justifier.

Vous êtes INSOUCIANT

A la fois heureux de vivre et ennemi des contraintes, vous ne voyez dans les soucis qu'une variété de marguerites orange.

Vous agissez à la fois avec naturel et décontraction, en adéquation avec les principes de quelqu'un qui n'en a pas beaucoup. Vous vous déplacez le plus souvent en rêve ou à vélo…

« L'insouciance est le seul sentiment qui puisse inspirer notre vie et ne pas disposer d'arguments pour se défendre ». (Françoise Sagan).

Disponible à la qualité de votre existence, vous avez la chance d'ignorer les tensions, les regrets, les échafaudages de prévisions et le stress. Vous vivez une vie végan avec une légèreté et une liberté que beaucoup vous envient.

Vous êtes INSTABLE

Assis sur une chaise bancale, vous vous balancez d'une idée à l'autre. Posé dangereusement sur le coin d'une table, prêt à tomber, chacun de vos projets en remplace un autre… qui peut lui être contraire.

Vos opinions variables, se promènent, jouent à cache-cache et sont perçues plus ou moins bien. On vous considère avec étonnement et amusement en craignant vos changements d'humeur.

L'équilibre n'est essentiel que pour les trapézistes et les chirurgiens. Les uns risquent leur vie, les autres la font risquer.

Le choix de changer vous appartient. « C'est l'instable qui est le fixe. C'est sur l'incertain qu'il faut se baser ». Vous voyez que Delacroix symbole académique de l'équilibre glorieux vous donne raison et ce n'est pas le seul.

Vous êtes INSUPPORTABLE

Dès votre arrivée votre caractère exaspérant infernal inadmissible attire la colère et ses manifestations : portes qui claquent, gifles et insultes. Les poils des chats se hérissent, les chiens ont des tics, les poissons rouges changent de sens... et les personnes se découvrant hors d'elles, protestent, crient, et finissent par s'en aller.

« Mon chien est insupportable, mais je le garde pour des raisons sentimentales : mon mari le déteste ». (Juliette Récamier).

Vous êtes libre d'agir comme bon vous semble, de faire ce que vous avez décidé, d'aller ou vous voulez... et grâce à vous les simples imparfaits sans intérêt particulier passent pour des gens très bien.

Vous êtes INTELLO

Vos connexions cérébrales vous permettent d'analyser la façon dont Kundera, Fénelon et Aristote considèrent la compote de poires. Tant de science en impose et minimise le niveau de ceux qui vous écoutent.

Il peut même arriver que l'on vous trouve ennuyeux, prétentieux ou barbant. « L'intellectuel est un monsieur qui fait relier les livres qu'il n'a pas lus). (Léo Langanesi) qui devait être énervé ce jour-là et visiblement de mauvaise foi) (*je le cite ici pour lui faire un peu honte).*

Vous êtes perçu avec une légère distance, et une admiration certaine comme un homme cultivé, supérieur et très intelligent possédant comme le dernier Apple des connexions complexes de très haute qualité.

Vous êtes INTÉRESSÉ

Si c'est par ce livre… Merci !... Si c'est par tout ce que vous pouvez grapiller, prendre, gagner, ceux qui sont à cheval sur l'honnêteté et la bonne éducation vous reprochent par un regard noir de faire ce qu'ils n'ont pas osé.

Calculateur vénal l'application « que puis-je gagner ? » est en permanence activée dans votre cerveau. La devise de votre blason est «il n'y a pas de petit profit ».

Tout ce qui est gratuit vous enchante : des goodies corn flakes, aux bons de réduction. Additionnant, sushis, chorizo et ananas, vous ne ratez jamais les dégustations offertes. Vous pourriez écrire un guide sur la qualité, la forme, le poids et l'origine des sucres, biscuits et spéculos… qui font la sieste sur les soucoupes de café. Votre vie est pleine de petites joies résultant de l'intérêt que vous portez aux biens.

Vous êtes INTOLÉRANT

Inflexible, intraitable, sévère et rigide, il semble que vous ne supportiez ni les gens qui portent un chapeau, ni ceux qui n'en portent pas… pour simplifier vous n'êtes d'accord généralement qu'avec vous-même.

« L'intolérance des tolérants existe, de même que la rage des modérés » (Victor Hugo).

Vous croyant investi du pouvoir de donner un avis juste et définitif, de savoir distinguer la valeur de chaque sujet, et d'attribuer la responsabilité de chaque personne, vous jouez avec application et plaisir le rôle d'un juge. On peut compter sur vous pour apporter aux mêmes sujets le même point de vue cassant et indiscutable.

Vous êtes INTRANSIGEANT

Persuadé de détenir la vérité, campé sur vos certitudes, vous êtes le premier à souffrir de ce mal être intellectuel qui comme une tondeuse sur un gazon ponctué de pâquerettes, coupe la tête de tout ce qui dépasse et ne vous plait pas.

Si vous faites partie d'une famille de militaire ou de juristes consolez-vous, ce n'est pas grave : c'est génétique, mais tenez en compte et ne surmultipliez pas votre degré d'exigence.

Votre sensibilité (ne haussez pas les épaules) : même de façon ténue, compactée par votre raison, est à l'intelligence ce qu'est la cuisine moléculaire à un présentoir de sandwich dans une station-service...

Vous êtes réfléchi et affirmé, heureux dans votre certitude de savoir juger mieux que quiconque et d'en avoir le droit.

Vous êtes INTRÉPIDE

Par bravade, par défi, ou par curiosité, vous prenez des risques inconsidérés. En tout cas vous angoissez ceux qui vous aiment ou qui vous côtoient. A six ans faire du vélo en lâchant le guidon c'est cool à vingt-huit conduire un bolide sans les mains, c'est moins bien...

Faire attention, prendre des précautions et mettre toutes les chances de son côté, cela ne signifie pas grand-chose pour vous.

Vous êtes entreprenant et courageux ce qui vous permet d'aller au-delà de vos limites pour accéder à de nouvelles découvertes.

Vous rejoignez le camp élitiste des explorateurs et des innovateurs, et de tous ceux qui ont risqué leur vie pour une idée ou même juste comme cela, pour voir, pour savoir ou pour rien.

Vous êtes INTRIGANT

Descendant des Médicis par votre mère, des Borgia par son père, vous avez l'âme conspiratrice. Vous ménagez vos effets, mais pas le mal que vous vous donnez pour intervenir dans la vie d'autrui. Le sens pratique vous accompagne dans vos expériences. Ainsi que des gants et un masque, pour exécuter vos fourberies sans empreintes ni bruits.

Vous représentez la version contraire du gréviste qui en plein jour déambule en criant, Vous agissez seul discrètement dans l'ombre et personne ne sait exactement dans quel but.

Vous connaissez les complots cachés entre les pages des livres policiers. Vos dons sont reconnus et appréciés dans une fonction utile : avocat, député, relation publique, détective

Vous avez un pouvoir certain qui vous permet de jouer avec les gens et le plaisir de le dissimuler.

Vous êtes INTROVERTI

Réservé, discret, schizothyme et compagnie, le dictionnaire vous définit comme une personnalité « caractérisée par un investissement plus grand de sa réalité intérieure, que du monde extérieur ». C'est souhaitable pour vous, à l'inverse, en version excessive, vous seriez un peu comme une coquille vide après l'envol de l'oisillon.

Enfin en clair vous êtes discret, autistique, introverti, renfermé, replié…

Manifestant peu d'émotions, lorsque vous en exprimez une, cela compte énormément. Vous trouvez un confort certain à ne jamais vous exposer. Votre sens

de la discrétion vous honore et vous protège. Qui pourrait vous reprocher d'avoir dit ce que vous avez tu.

Vous êtes INVIVABLE

Il est intenable de vivre à côté d'un être insupportable tel que vous. Ce qui est dit est dit, vos réflexions ne s'effacent pas avec la nuit comme un rêve, ce qui est fait est fait… vos actions non plus.

Perpétuellement décalé, vous êtes une épreuve pour vos proches. Enervé quand il faut dormir, amorphe en société, à contre temps et à contre-courant. Les personnes sérieuses ont peur de vous et vous détestent. Vos exagérations remettent en question leur modération raisonnable.

Vous faites tout en trop… ou en pas assez. Vous apportez une pièce montée pour le dessert de trois convives en oubliant le pain

Vos excès ne sont peut-être que des qualités démesurées mal interprétées. Votre caractère difficile vous offre une vie libre, on ne dérange ni un volcan ni une bête féroce.

Vous êtes IRASCIBLE

Vous avez toujours une colère d'avance, disponible, prête à se manifester, vos proches craignent vos éclats. Le variateur de votre irritabilité est réglé sur la touche maximum.

« L'homme en colère peut n'être pas irascible : l'homme irascible peut quelquefois n'être pas en colère ». (Sénèque).

Vos manifestations font murir les enfants étonnés de découvrir que les grandes personnes peuvent être imparfaites et vulnérables.

Ceux qui assistent à vos éclats admirent presque votre lucidité. Passionné, vous ne vous laissez pas faire sans réagir. Vous avez le courage de vos opinions et la force de les exprimer.

Vous êtes IRONIQUE

Vous avez l'art, avec une petite phrase sarcastique, une expression, une intonation, un geste, de résumer votre pensée à la fois moqueuse, drôle et méchante.

Cette rapidité d'esprit et de perception fait enrager ceux que vous prenez en défaut et qui cherchent désespérément quelque chose à répondre, d'intelligent et de drôle à la fois.

Attentif aux autres, à leur personnalité et à leur comportement, vous avez la finesse de savoir exprimer avec humour ce que vous en pensez.

Vous avez l'art de détendre l'atmosphère même si c'est au dépend de quelqu'un. « L'ironie est la pudeur de l'humanité... c'est l'un des éléments du bonheur » (Jules Renard).

Vous êtes IRRÉALISTE

Utopiste vous vivez dans une réalité qui ne l'est pas. Ce que vous pensez fait auto-jurisprudence : vous voyez les choses telles que vous les souhaitez. On regarde vos chimères sortir de leur cage et on écoute vos récits avec curiosité.

« C'est ce que nous vivons qui est irréaliste. Ce qui est irréaliste c'est qu'un homme à la tête bien faite continue à aller chaque jours, années après années à un travail qu'il déteste, retrouvant ensuite une maison qu'il déteste et une femme aussi inapte que lui à supporter une situation pareille ». (April Wheeler).

« La véritable réalité est toujours irréaliste ». (Franz Kafka.)

Vous avez le sens du rêve et de l'imagination, bases solides de la créativité et la chance d'être distrait, par votre imagination, de l'âpreté de certaines réalités.

Vous êtes IRRÉFLÉCHI

Chez vous la réaction précède la pensée. Impulsif et inattentif, vous sauteriez dans une piscine vide (au moins vous pourrez peut-être vous tuer, mais sûrement pas vous y noyer).

L'étonnement que vous provoquez vous étonne parfois, mais immédiatement après, en disant « ah bon ! » avec un air surpris, vous passez à autre chose. Vous traversez la rue distrait par ce parapluie fuchsia et le petit chien qui court dessous. "On ne revient pas à la vérité en changeant d'erreur." (Henri V).

On peut vous féliciter de votre spontanéité, il y a chez vous quelque chose de naturel et gratuit, de léger et d'honnête, à l'opposé du calcul et de la préméditation, toujours accompagnés de leur mauvaise conscience.

Votre esprit est libre : le ressentiment et le complot ne s'y installent jamais.

Vous êtes IRRESPECTUEUX

Impoli, impertinent, insolent, vous faites ce qui vous plait, sans aucune attention pour les gens et les usages de la société. Assis de travers, les pieds sur la banquette vous imposez aux autres voyageurs vos mauvaises manières. Quand vous ne chantez pas, vous parlez fort au téléphone, claquez votre chewing-gum, jetez par terre votre canette vide avec une insolente gaité.

Même si vous avez été élevé dans un poulailler, (encore que les gallinacées soient des personnes tout à fait charmantes), vous gâchez beaucoup de choses par votre comportement. Votre vie privée, votre job, subissent le contre coup de votre impolitesse. Vous attirez les réflexions, les haussements d'épaule (très utiles diront les kinés).

Vous êtes un homme audacieux. Choquer vous amuse, votre irrespect oblige les personnes formalistes à s'adapter ou même à mettre un peu d'eau douce dans leurs jugements.

Vous êtes IRRESPONSABLE

Insouciant, inconscient, innocent vous êtes généralement fâché avec la réalité ? et de mauvaise foi. Ce qui s'est passé, n'est jamais votre faute. Qu'est-il arrivé pour que vous ayez la malchance de n'être entouré que de personnes nullissimes. « Il est vrai que si ce piéton n'avait pas traversé à ce moment-là il serait encore vivant (d'ici à dire que c'est la faute de ce malheureux !) ».

Vos accusations frôlent la naïveté et le parti pris, à votre avantage. Dans le meilleur des cas, vous coupez la faute en deux comme un petit reste de tarte.

Vous avez l'art de recycler votre culpabilité en bonne action et relatez les faits de façon positive. Vous vous débarrassez de ce qui vous dérange, laissant aux autres le bénéfice et la responsabilité de tout ce qui est négatif.

Vous êtes IRRÉVERENCIEUX.

La révérence ce n'est pas votre truc : pensez donc se courber, mettre un genou à terre (ou presque) … le tout avec l'air aimable… Les usages vous font rire. Le mot rigueur atteignant vos oreilles se transforme en grimace. Vous n'avez envie que de provoquer, de vous amuser, de choquer, de sauter à la corde en piétinant les parterres fleuris de la politesse.

Iconoclaste vous n'avez de respect pour rien, ni pour personne, jouant en riant avec les conventions, vous raillez les gens méritants, mais pas ceux dont vous redoutez l'autorité.

Profitant de votre don d'insolence qui a dose homéopathique a un certain charme, vous dites ce que vous pensez avec l'excuse de ne pas toujours penser ce que vous dites.

Vous êtes IRRITABLE

Ne le prenez pas mal… mais comme vous démarrez au quart de tour, on craint la violence de votre moteur à explosions. Tout vous énerve : que l'on parle tout bas ou fort, ce n'est pas de bon ton. Les infos, la politique, les voisins… sont des sujets à manier devant vous avec précaution, en vous observant attentivement, pour adapter ce que l'on dit à vos réactions.

Acariâtre, irascible, ombrageux, atrabilaire, on peut penser pour votre défense que vous avez des cicatrices dans le cœur.

Avec une réaction immédiate et une attention certaine au présent, vous êtes capable de réagir sur le champ aux évènements. Des personnages tels que Michel Simon, Alice Sapritch… ont fait de ce défaut le talent de leur réussite.

Vous êtes un IVROGNE

Ou avez-vous attrapé ce visage rougi, ces gestes non terminés, ces bredouillements embaumés par « une haleine signifiante » (dit-on dans les hôpitaux).

Pourtant il n'y a ni message ni image au fond des bouteilles que vous buvez au goulot « cul sec ». Vous confondez peut-être avec les petits bols de saké qui accompagnent l'addition des restaurants chinois. « Peut-être buvez-vous pour oublier que vous êtes un ivrogne ». (Alphonse Allais).

Boire vous fait sortir de votre spleen, vous osez dire des choses qui à jeun, seraient difficiles à exprimer.

Noyer votre mal être dans l'alcool vous évite de souffrir sans l'aide de quiconque ou d'un médicament. Vous n'êtes pas difficile à contenter, toutes les sortes d'alcool vous conviennent.

Vous êtes JALOUX

Vous accordez aux faits d'autrui une importance imméritée. Doutant de l'autre craignant de ne pas être aimé à cent pour cent, (idée absurde : personne ne l'est en permanence… même si chacun en rêve). La jalousie ne permet jamais de voir les choses telles qu'elles sont… « Modérée c'est une preuve d'amour, la jalousie excessive est un manque de respect ». (Stanislas Leszczynski).

« Le plus grand malheur qui peut arriver à un jaloux, c'est d'avoir une femme fidèle parce qu'alors il souffre pour rien ! ». (André Birabeau).

Vous êtes imaginatif « Les jaloux voient le réel à travers un miroir déformant qui grossit les détails insignifiants, transforme les nains en géants et les soupçons en vérité ». (Cervantès).

Vous, savez aimer vraiment. Votre jalousie est la manifestation intellectuelle et la preuve de l'intérêt et de l'amour que vous portez à l'autre.

Vous êtes JOUEUR

Pile ou face, vous confiez au sort, l'avenir de vos espoirs secrets. Dans vos mains il y a des cartes, des pions, des dés, des jetons, des tickets ou des grilles. Les vendredi treize, vous trouvent passionnément affairé. En version street, vous fixez le feu qui est rouge, donc votre job va se développer, s'il vire à l'orange avant votre passage, catastrophe, votre fonction est en danger, s'il devient vert…. Attention, (la menace est réelle, vous allez vous faire écraser) etc…

Au temps des grecs vous auriez découvert votre avenir dans le déchiffrage des aruspices, interdits de nos jours par la S.P.A.

Courageux, et audacieux, un peu superstitieux, et surtout optimiste vous prenez le risque de perdre dans l'espoir de gagner. Vous avez raison puisque comme le confie la Française des Jeux : « 100% des gagnants ont joué ! ».

Vous êtes JOUISSEUR

Eh bien, ce n'est pas réellement un défaut en soi… mais cela agace tellement la plupart des gens, qu'ils considèrent les plaisirs qui vous réjouissent comme les pires imperfections que l'on puisse avoir. Cela les renvoie à certaines médiocrités, et interdits qu'ils ont choisis à contre sens.

Vous êtes un bonheur ambulant, vous profitez de tout ce qui vous est offert comme d'un cadeau. Vous appréciez les bonnes choses en faisant peu de cas des mauvaises.

Vos cinq sens vous apportent de joyeuses surprises la simple vue d'une mille-feuille, son odeur vanillée, le craquement de son feuilletage, la saveur des framboises, la caresse de la cuiller vous enchantent. Vous aimez la

vie qui vous le rend bien sans vous empêtrer dans d'inutiles considérations.

Vous êtes JUSQU'AU BOUTISTE

Les dents serrées plus têtu qu'une tortue vexée d'avoir perdu son peigne, vous allez au fond des choses même si c'est une vraie mauvaise idée. Vous réapparaissez noirci et huileux… pourtant, on vous avait prévenu que la tondeuse à la cave, n'était pas réparable. N'accordant jamais aux évènements le droit de changer d'avis, vous partez à cheval sur une idée fixe, sans réfléchir, sans halte ni concession. L'affaire se termine mal : le cheval vous supprime de ses contacts et vous découvrez qu'il ne sert à rien d'entreprendre sans raison des choses insensées.

Bien sûr il y a des personnes à qui l'acharnement a réussi comme Joseph Pasteur ou Marie Curie.

Vous êtes tenace, déterminé, courageux et persévérant on peut compter sur vous pour aller au fond des choses.

Vous êtes JUSTICIABLE

Nous n'allons pas en reparler ici, vous avez déjà subi l'humiliation des interrogatoires, le cliquetis des commissariats, les visages peu expressifs… de la cour.

Conscients du côté aléatoire de leurs sentence, juges et avocats ont pris l'habitude de se costumer en portant des robes comme les comédiens. C'est là une coutume étrange qui les apparente à des sorciers. L'étude de la responsabilité est l'une des appréciations les plus difficiles à évaluer avec ou sans perruque, avec ou sans hermine. Les juristes abandonnent ensuite au vestiaire leur responsabilité en même temps que leur déguisement. Habillés en chirurgiens, leur verdict semblerait plus incisif.

Il est imperceptiblement moins dramatique pour un condamné d'entendre sa sentence de la bouche d'un homme travesti, dérision faite à la fois à la société, au prestige et au cirque. Tout le monde fait des erreurs, les vôtres ont retenu une attention particulière, c'est tout.

Vous êtes LÂCHE

L'élastique distendu de votre courage baisse votre pantalon devant le premier danger. La lettre anonyme n'a pas de secrets pour vous, elle vous permet de vous exprimer librement. D'ailleurs, vous ne vous séparez jamais de ciseaux, de colle et de coupures de journaux.

« Le lâche meurt plusieurs fois par jour, l'homme courageux ne meurt qu'une fois ». (Giovanni Falcone). Oui mais pour lui c'est définitif.

On vous trouve cool et conciliant presque généreux on pense que vous prenez sur vous, pour afficher un tel calme alors que vous avez simplement peur. La lâcheté vous préserve des affrontements.

Vous ferez merveille dans une banque à la tête du service refus de crédit ou celui des interdictions bancaires.

Vous êtes LAID

Ne tergiversons pas c'est un fait : vous n'êtes pas beau, on ne peut pas dire à qui vous ressemblez puisque… vous ne ressemblez à rien ! Et alors vous êtes vivant, c'est le principal.

Il est facile de se moquer « Monsieur de Pellisson abusait de la permission qu'ont les hommes d'être laids » (Madame de Sévigné)

Sur quels critères peut-on dire vraiment qu'un homme est beau ou laid. Bonne nouvelle dans l'ascenseur de la vie les laids qui changent peu en vieillissant, croisent les beaux qui enlaidissent en descendant.

Vous êtes à l'abri de voir votre beauté disparaitre. Si vous êtes laid ce n'est pas par hasard, cela cache assurément d'autres qualités. Le ciel a tenté d'être juste avec les autres en ne vous offrant pas toutes ses faveurs.

Vous êtes LENT

Sur l'autoroute de votre vie, lentilles de contact ou lunettes collées au pare-brise, vous avancez avec méfiance et parcimonies à la vitesse d'un piéton qui aurait mal au pied. Suivant le conseil Boileau, « Hâtez-vous lentement ». Vous pensez ne prendre aucun risque alors que, vous en faites prendre aux autres. Avec une totale inconscience vous mettez par votre lenteur tous les automobilistes qui vous doublent en danger.

Si sagement, vous optez pour les voyages en train adoptez ce qu'en dit Marcel Achard : « Le meilleur moyen de prendre un train à l'heure, c'est de s'arranger pour rater le précédent ».

Rendez l'éloge de la lenteur de Carl Honoré à la bibliothèque municipale et prenez à la place le tour du monde en quatre-vingt jours.

Vous êtes lent car vous êtes attentif et très exigeant dans la qualité de ce que vous faites.

Vous êtes LIBERTIN

Amoureux de la sensualité en version blasée, vous prenez, sans autre forme de scrupule, la liberté de suivre vos désirs en tentant de les dépasser. Les rigoristes disent que vous menez une vie dissolue, sans doute à cause des comprimés effervescents que vous prenez en rentrant de vos joyeuses sorties.

« Un homme sans domicile est un vagabond : un homme avec deux domiciles est un libertin. » (G.B. Shaw). Ce qui est clair, sauf bien entendu, si vous possédez une résidence secondaire.

« Je suis un libertin mais j'ai sauvé un déserteur de la mort, abandonné par tout son régiment et par son colonel ». Comme vous le voyez le Marquis de Sade se décharge de sa culpabilité par de belles actions.

Vous avez l'art de satisfaire vos envies en cherchant à communiquer et partager votre enthousiasme.

Vous êtes LICENCIÉ

(Du latin licencia liberté d'agir). C'est assez ridicule d'avoir fait l'économie d'un mot pour désigner une situation et son contraire. « Licencié » : on rentre chez soi en criant de joie pour fêter son succès ou en pleurant de désespoir devant un avenir éboulé. Dans votre cas vous êtes licencié ès chômage.

Chanceux, vous ne risquez pas d'être viré... rien à craindre, c'est déjà fait.

Cette situation est une merveilleuse opportunité pour vous recentrer, découvrir en paréo de nouvelles recettes de cocktail. En changeant de train vers une autre direction, vous pourrez choisir un avenir qui vous correspond mieux et dans lequel vos attentes accompagnées par des valeurs profondes pourront refleurir.

Vous êtes LOUFOQUE

Mi loup, mi phoque, on vous classe parmi les mammifères humanoïdes extravagants. Bizarre et braque, aberrant, insensé et déraisonnable, imprévisible, vous êtes saugrenu, avec un talent exceptionnel comme celui qu'ont les grenouilles de sauter.

A votre chevet il est aussi logique de trouver un vétérinaire qu'un médecin, dont les compétences s'additionnent. Vous êtes original, extraordinaire, sans mesure ni limites.

Votre vie est riche d'expériences d'originalité de fantaisie et d'audace. Votre singularité vous permet d'être intégré aux espèces protégées qui méritent un classeur au muséum d'histoire naturelle.

Les êtres comme vous sont rares (surtout si vous êtes intensément gentil). Il faut un sacré courage pour assumer d'être différent

Vous êtes LUNATIQUE

Plus en phase avec la lune qu'avec la raison, votre humeur est changeante. Nul ne sait, pas même vous, dans quel quartier astral vous vous situez actuellement. Les éclipses assombrissent ponctuellement votre existence et celle de vos proches. Il n'y a que les draps de lin pour tirer profit des bains de lune à Gérardmer.

« La vie est lunatique et se plaît à mener les événements comme une fantaisie, sans rime ni raison. ». (Roland Dorgelès). Vous êtes un homme intéressant et variable, changeant d'éclairage et de forme un peu magique comme une lanterne et probablement bio.

Vous êtes M'AS-TU VU

Ou plus exactement « m'avez-vous vu » puisque vous cherchez à être remarqué par un maximum de personnes ! Vous exercez un pouvoir attractif par un peu trop de tout : garde-robe, comportement, prosodie, bronzage… « Passer à la télévision est le rêve de tous les m'as-tu-vu qui, à tort ou à raison, s'imaginent avoir quelques choses à communiquer aux autres » (Jean d'Ormesson).

Vous affichez une supériorité (hésitante : si vous en étiez persuadé vous n'auriez pas à la prouver). Soyez plus indulgent envers vous-même. Vous n'avez pas besoin de clignoter pour exister, être reconnu, apprécié pour vos qualités et être aimé.

Attirer l'attention traduit une certaine organisation, un sens aigu du marketing et de la communication.

Avec le courage d'affronter le jugement des autres. Vous pouvez certaines fois être une P.LV. fashion ambulante. Les marques devraient vous en récompenser puisque vous en êtes un courageux promoteur

Vous êtes MACHIAVÉLIQUE

Astucieux démoniaque dissimulé, finassier florentin fourbe, insinuant, malin, morbide, perfide, politique, retors, roué roublard, rusé, les scrupules de la morale apeurée, vous ont quitté depuis longtemps pour aller prier ou confesser leurs erreurs.

Vous êtes extrêmement doué pour blesser en aspirant avec une paille de cristal pointue, le bonheur de vos proches. Votre imagination scélérate réinvente chaque nuit de nouveaux scenarii.

Ravi que l'on ait peur de vous, cette pensée de Nicolas Machiavel est votre devise « Il est plus sûr d'être craint, que d'être aimé ».

Vous êtes fascinant avec votre sens aigu de la politique humaine, et votre connaissance parfaite de l'âme et de ses paramètres

Vous êtes un MACHO

Terme perçu comme désobligeant par les hommes… Il l'est aussi par les femmes considérées toutes comme « des blondes » avec la guirlande de plaisanteries faciles attachée à leurs cheveux. Machiste, misogyne, phallocentrique, vous justifiez votre comportement en disant que les filles sont tellement coquettes qu'elles pleurent pour s'hydrater les joues… « Être macho, c'est être comme moi : ceux qui le sont plus sont des mufles, ceux qui le sont moins ne sont pas des hommes ». (Cheb Nil).

Pour vous l'homme est supérieur à la femme. Ou avez-vous pris cette idée courte et phallocrate de la suprématie masculine. Il se pourrait que vous rabaissiez la gente féminine pour hausser votre grandeur. De quoi, par manque de confiance en vous, avez-vous peur ?

Votre comportement machiste ne s'encombre pas de scrupules. Vous êtes un homme particulièrement fier et content de lui, libre de ses réactions et de ses décisions. Vous apparaissez comme un être dominant et fort.

Vous êtes MAGOUILLEUR

Indépendant et joyeux, maquilleur de vérité, de voitures volées, de combines inavouables vous n'existez et ne respirez que dans l'embrouille. Pour vous la ligne de l'honnêteté s'écrit en pointillé. Vous êtes un spécialiste des, intrigues, des luttes d'influence, des tractations douteuses et généralement déloyales.

Vous avez été élevé avec la débrouillardise comme nourrice. Petit vous entendiez vos grands-parents chanter cette chanson de 1930 « j'ai ma combine... Les ennuis, tant pis, j'm'en fiche pas mal ! c'est banal mais c'est jovial, c'est l'principal

Malin par définition, et rusé par habitude spécialiste des ficelles politiques et privées, vous arrivez presque toujours à vos fins. Faisant tout ce qu'il faut pour ! vous réussissez plus et mieux que quiconque

Vous êtes MAL A L'AISE

Mécontent d'être-vous, au lieu d'être quelqu'un d'autre, vous promenez aux yeux de tous un ruban d'insatisfaction dentelé comme du croquet. En clair n'ayant pas confiance en vous vous oscillez entre ce que vous avez envie de faire et ce que vous croyez devoir faire.

Comme le rhume, le manque de confiance en soi est contagieux. Les plus timides, et d'autres aussi, à votre contact se mettent aussi à douter d'eux-mêmes.

Vous exprimez beaucoup de sensibilité et une forme d'honnêteté en ne cherchant pas à simuler une fausse assurance. Votre gêne perceptible vous vaut l'attention souvent bienveillante de vos interlocuteurs.

« Si le roi te reçoit et que tu es mal à l'aise, c'est que le roi est mal élevé ». « (Marc-Gilbert Sauvageon.) et toc !

Vous êtes MAL ÉLEVÉ

Exaspérant, vous vous comportez de façon inadmissible, sans aucun respect pour la sensibilité des personnes Vous êtes parfaitement à l'aise dans votre discourtoisie permanente : vous laissez les fleurs que l'on vous offre sur la table d'entrée, vous dites « J'ai donné votre cadeau à ma concierge, elle était ravie » et alors c'est la vérité non ? répliquez-vous, vexé de ce lapsus qui dédore un peu l'idée que vous avez de vous.

Vous dites tout haut ce que vous pensez. Le problème c'est que vous le faites avec insolence, égocentrisme et sans aucune limite. Et puis vos compliments ne sont pas toujours bienséants, ni agréables à entendre

Heureux de n'avoir aucune éducation, donc peu de contraintes, et de choquer, vous avez une confiance inoxydable dans votre liberté d'agir et dans votre destinée.

Vous êtes MALADE

Mauvaise pioche... nous en sommes désolés pour vous. « La maladie est le prix que l'âme paie pour l'occupation du cops comme un locataire paie un loyer » (Râmakrishna). C'est pour cela qu'il vous est conseillé dans la mesure du possible d'éviter de tomber malade.

Consolez-vous cela ne va pas durer éternellement. « La vie est une maladie mortelle sexuellement transmissible ». (Woody Allen). Comme l'a remarqué un inconnu : « Pour revenir guéri des bains, allez-y en bonne santé »

Hospitalisé dites-vous que vous êtes figurant dans un épisode d'Urgences.

Cet arrêt sur image de votre rythme habituel vous permet de prendre rendez-vous avec vous-même, de réfléchir au sens de votre vie et à celui que vous voulez lui donner. Réalisez à quel point vous êtes aidé et aimé... par tous ceux qui vous entourent.

Vous êtes MALCHANCEUX

Qu'avez-vous donc fait à la chance pour qu'elle vous tourne le dos. « Les malchanceux sont ceux à qui tout arrive, alors que les chanceux sont ceux qui arrivent à tout « (Eugène Labiche).

Notant chaque soir dans un carnet a deux colonnes les bonnes et les mauvaises nouvelles de la journée, vous serez surpris par le nombre de petites joies auxquelles vous n'avez pas prêté attention…Et aux ennuis que vous auriez pu éviter.

Tout n'est pas perdu : déjà, votre cœur est protégé du stress cardiovasculaire, que procurent les grandes joies et les succès.

Ayant l'habitude d'être déçu et de perdre, vous êtes moins sensible aux mauvaises nouvelles comme au découragement. « La chance existe. Sans cela, comment expliquerait-on la réussite des autres ? ». (Marcel Achard).

Vous êtes MALHEUREUX

La mauvaise fortune ayant eu l'insolence de s'installer chez vous. Vous cultivez votre vie avec une pelle de découragements et de nombreux râteaux. On dirait que les évènements vous en veulent avec tous les soucis qu'ils vous mettent sur les bras. Si cela se trouve vous souffrez peut-être une allergie au bonheur.

Ecoutez le bon sens de John Petit-Senn « Le bonheur n'existe pas. En conséquence, il ne nous reste qu'à essayer d'être heureux sans »

Eprouvant de la compassion pour vous-même, vous avez pris cette habitude de soupirer qui vous va bien, en faisant passer un message de petite détresse. Chacun ses choix puisque cela ne vous gêne pas que l'on vous plaigne… finalement tout

est pour le mieux. « Le malheureux est chose sacrée » (Ovide).

Vous êtes MALHONNÊTE

N'ayant aucune notion de ce qu'est la probité, vous avez fait de l'indélicatesse un mode de fonctionnement. Tout ce qui n'est pas à vous vous appartient aussi. Souhaitant que tous les objets qui vous font envie se retrouvent chez vous, vous avez pris l'habitude de vous servir chez les autres. Un jour de colère vous avez mis votre conscience dans le lave-vaisselle, il n'en reste plus rien

Vous calmez votre sentiment de remords en pensant que l'honnêteté est certainement l'une des formes modernes de l'hypocrisie.

Est-ce vraiment normal d'être honnête ? N'est-ce pas seulement l'apanage des personnes croyantes ou superstitieuses. Soucieux d'égalité, habile, vous avez le sens du partage (même s'il s'agit du bien d'autrui !)

Vous êtes MALODORANT

Si vous respirez la santé vous ne respirez pas la fraicheur. Zappant la salle de bain et presque toutes les arrivées d'eau, vous fumez le cigare consommez de l'ail, et autres odoriférences comme les huiles de poisson qui ne sont pas toutes essentielles.

Votre cas est simple et rapide à améliorer : Un grand bain quelques centimètres cubes de savon, shampooing et dentifrice : l'affaire est réglée, à condition bien sûr de renouveler cet exploit.

Dans les transports en commun personne ne vous écrase, on vous laisse de la place. Vous éloignez les importuns mais pas ceux qui vous aiment et

supportent cette imperfection. Bonne nouvelle :
habitué, à vous côtoyer, vous ne sentez pas votre
propre odeur.

Vous êtes un MALOTRU

(Du latin male astructus né sous une mauvaise
étoile) cela commence bien ! et depuis il arrive souvent
qu'autrui soit mal avec vous. Butor, gougnafier, goujat,
malappris, mufle, pignouf, rustaud… qui pourrait vous
en vouloir d'être fâché avec la bienséance. N'ayant pas
reçu d'éducation solide, vous êtes mal élevé et vous
comportez sans nuances. A table vos réflexions
tombent dans le plat, vous dites je n'aime pas ça ou je
n'en mange pas, alors que personne ne vous avait posé
la question.

**Vous dites ce que vous pensez avec une certaine
honnêteté qui est souvent mal interprétée (décidément
on ne peut compter sur personne).**

Vous êtes MALSAIN

Le regard oblique et la conscience parallèle, vous
êtes un exemple d'attention négative insinuant des
idées un peu bizarres…

Vos interlocuteurs mal à l'aise sont gênés par vos
propos sulfureux. Il rôde autour de vous un air de
malaise évident dont vous ne semblez pas conscient.
Cette gêne n'attire ni l'estime ni l'envie de mieux vous
connaitre. Parfois vous agissez de façon un peu
glauque : ralentissant pour prendre en photo les
accidentés de la route…

**Prenant le relais des philosophes antiques : les têtes
de mort, les piercings, les bijoux tatouages et autres
antisèches morbides que vous arborez rappellent à
chacun qu'il va mourir un jour.**

« En tout homme il y a un homme malsain, le sage est celui qui sait le contenir ». (Halimas Barou). Vous avez la faculté naturelle de savoir vous sentir à l'aise dans le négatif.

Vous êtes MALVEILLANT

Animé de mauvaises intentions, vous veillez à être méchant puisque vous aimez faire mal, comme d'autres aiment faire plaisir.

A quoi cela peut-il vous servir ? Votre existence n'en sera pas plus agréable pour autant. Malveillant : c'est méchant à dose homéopathique, renforcée et journalière. « Il y a dans le malheur des autres un petit quelque chose qui ne vous déplait point ».

Vous êtes libre d'adopter des pensées négatives comme d'autres adoptent des idées toutes faites ou un chien. Vous délectant de la peine d'autrui et vous réjouissant infiniment du mal, vous avez su créer un style qui vous rend heureux.

Vous êtes MANIAQUE

Pointilleux, méticuleux, sourcilleux, perfectionniste, vous supportez mal les à peu près de l'imperfection. L'ordre vous rassure. « Ce n'est tout de même pas compliqué de laver et d'essuyer les assiettes avant de les ranger dans le lave-vaisselle », (qui - n'est - pas -un - vide - ordure - dites-vous à tous ceux qui feraient mine de vous aider !).

Il y a chez vous un ordre établi : les cotons tiges sont rangés dans une petite boite protégée par une pochette fermée par un petit ruban dans un petit coffret comme cela c'est plus facile à trouver

Rigoureux, vous vivez dans un monde rangé, soigné, organisé et ordonné qui vous convient. Les contraintes

que vous vous imposez sont peu de choses par rapport
au plaisir que vous en éprouvez

Vous êtes MANIÉRÉ

Affecté, alambiqué, cérémonieux, chichiteux... Vos
gestes et vos paroles circonvoluent. Vous utilisez plus de
mots que prévu pour exprimer une chose simple. Vos
phrases trainent des wagonets de qualificatifs étirés dans
des parenthèses.

Vous vous compliquez la vie avec des gestes étoffés
de poignets volantés en la parsemant d'inutilités : telles
qu'une plante sur une soucoupe sur un napperon en
dentelle sur une nappe, sur un guéridon...

**Vous trouvez que c'est chic d'être apprêté, cela
pensez-vous, donne de la grandeur... Vous avez le
sentiment agréable d'être important et raffiné, et que
cela vous rend supérieur aux autres.**

Vous êtes MANIPULATEUR

Vous avez la dextérité des personnes qui savent avec
ou sans cartes à jouer, foulards ni colombes, faire des
tours étonnants. Avec l'âme et l'art d'un marionnettiste
de Guignol, vous tirez les ficelles de vos proches et des
autres.

Vous imposez vos idées à des personnes qui n'ont
pas toujours la faculté de choisir ce qu'elles veulent.
« Le manipulateur est un dealer, il vous livre ses doses,
vous rend dépendant et s'enrichit en vous méprisant ».
(J. Eldi).

**Prenant les gens pour des jouets, vous les dirigez à
votre guise afin qu'ils agissent comme vous le voulez.
Artisan créateur d'automates vous savez manipuler les
personnes et les idées, c'est pour vous une distraction
dont vous ne vous lassez pas.**

Vous êtes MATERIALISTE

Vous considérez toute chose sous son aspect concret. Pour votre anniversaire un billet vous plaira plus qu'un poème fut-il rédigé par Fustel de Coulanges (Numa Denis pour la Mairie 1830-1889).

Vous observez chaque détail avec des lunettes de commissaire-priseur et une loupe d'huissier : l'usure des pneus, l'étanchéité du toit les dents du chien, rien ne vous échappe. Au restaurant il y a pour vous deux sortes de plats : ceux que vous pouvez cuisiner vous-même et les autres : non aux omelettes, oui aux terrines.

Vous êtes réaliste et concret avec l'art de transformer le moindre détail en avantage matériel. Après le cambriolage d'un ami, vous êtes un aide précieux pouvant décrire les objets, leur emplacement, leur valeur.

Faites-le savoir tout le monde vous invitera et après quelques démarches vous serez agrée d'office, comme expert, par les compagnies d'assurance et les tribunaux. « Le vrai matérialiste plus il descend dans la matière plus il exhale la spiritualité » (Georges Braque).

Vous êtes MAUVAIS PERDANT

Aussi furieux de perdre, que vexé de ne pas gagner, vous jetez les cartes, les ballons ou les raquettes à la tête de vos adversaires. Certains jeux bourgeois se jouent dans le calme et alors. « A l'impassible dites-vous, nul n'est tenu !»

Vous n'êtes pas seul : la roue tourne, aucun casino n'a enregistré un gagnant perpétuel à moins qu'il ne s'y trouve encore…

Dans les soirées poker, ou bridge on vous traite avec déférence, malgré le scandale que vous avez fait la dernière fois... Puisqu'il faut être quatre... votre présence est indispensable.

Lancez la mode des « mauvais gagnants » et des « joyeux perdants, vous ferez sensation.

Vous êtes MÉDIOCRE

Insuffisant dans l'âme, frôlant la moyenne par en dessous, ni bon ni mauvais, plutôt pas terrible étriqué, banal, faiblard, ginguet imparfait, insignifiant, insuffisant, limité, négligeable, passable, vous n'excellez en rien.

On pourrait vous comparer à un vin très ordinaire, une sauce sans goût, enfin quelque chose sans grand intérêt. « L'homme fort dit : je suis ! Et il a raison. : il est. « L'homme médiocre dit également : je suis. Et lui aussi a raison…. il suit ! ». (Victor Hugo).

Tout être ayant du talent, vous avez la discrétion de ne pas montrer le vôtre. Et quoi qu'il en soit, vous ne pouvez que progresser.

Votre médiocrité vous assure une stabilité et une tranquillité certaines. Courage, Walter Elias Disney a été renvoyé de son journal en 1920 pour médiocrité, manque d'imagination et de créativité.

Vous êtes MÉDISANT

Vous dites du mal de tout et de rien, des gens, de la météo, du sans gluten... avec vous les secrets sont expropriés de leurs cachettes. Que cherchez-vous ? à vous rendre important ?« On est d'ordinaire plus médisant par vanité que par malice ». (François de La Rochefoucauld).

Vous vous dépensez beaucoup : critiquer quel qu'un cela prend du temps : il faut argumenter : « il est toujours mal organisé, pour les 60 ans de sa mère il a débarqué au dessert, il perd tout, même son boulot » (39 syllabes) … alors que dire : il est merveilleux (5 syllabes) c'est bien plus rapide, : les compliments n'ont pas besoin de justificatifs. Veillez à ne pas dire du mal de vous par inadvertance.

Vos propos sont distrayants, ils alimentent autant la conversation que la méchanceté. Lorsque vous faites un compliment, on peut vous croire puisque vous avez les talents d'un critique sérieux.

Vous êtes MÉFIANT

Suspicieux, buté, cauteleux, craintif, dubitatif farouche ombrageux, prudent sceptique soupçonneux, vous avancez silencieusement, aux aguets, sur la pointe des pieds.

Prêtant aux autres des calculs, des intentions, des stratégies qui ne correspondent pas à la réalité., vous n'accordez votre confiance qu'après avoir imaginé toute situation dans ses plus mauvaises versions.

Il est normal d'être méfiant dans certaines situations et cela peut sauver la vie : qui accorderait sa confiance à des scorpions en marchant pieds nus avec eux ? personne !

Vous préférez vous faire votre propre opinion plutôt que d'écouter et de suivre des idées toutes faites. « Je suis assez méfiant, j'ai toujours une longueur de recul ». (Gad Elmaleh).

Vous êtes MÉGALOMANE

Dans l'argus de la société vous surestimez votre valeur. Persuadé d'être un homme supérieur et que tout vous est dû ou presque, il vous faut ce que les autres possèdent en plus beau, en plus chic, en plus cher

On critique le peu d'attention et de reconnaissance que vous portez à ceux qui n'entrent pas dans votre croyance. Vous avez souffert probablement de rejet, ce qui par autoprotection a augmenté votre sens de l'auto-exagération

Vos idées orgueilleuses en augmentant votre estime de vous, sont positives. Vous sentant digne d'une vraie grandeur, avec un sens inné et nécessaire de votre promotion, vous vivez heureux sur les hauteurs de votre prétention.

Vous êtes MENTEUR

Vous offrez aux autres un spectacle, dans lequel vous déguisez les faits en les nouant de ficelles. La vérité c'est vous qui la décidez, si vous avez péché un poisson d'un mètre, et que vous êtes confondu par un voisin, « c'est parce qu'une goutte (il pleuvait) a fait loupe sur vos lunettes ». Vous essayez toujours de vous en sortir.

« Un menteur qui n'est pas cru, souffre les tourments d'un acteur qui n'est pas applaudi ». (Jacques Deval). Par facilité on fait semblant de vous croire, cela gagne du temps, en évitant le déballage gênant de vos justifications.

Vous n'êtes certainement pas dupe que les autres ne le sont pas ! Evidement si vous jouez au poker, il n'y a pas de reproches à vous faire. Si vous jouez aux dames c'est autre chose...

Inventif et audacieux vous avez l'art de déguiser la vérité avec un cadre, un éclairage et un angle choisis comme cela vous convient.

Vous êtes MESQUIN

Dénué d'indulgence, vous cultivez les idées courtes et les mini joies. Etriqué, et peu chaleureux, votre comportement manque d'élégance. Plus tourné vers l'avarice que vers la générosité vous observez tout avec calcul : ce que font les autres, comment et pourquoi. Vous les jugez sévèrement leur prêtant vos intentions, calculatrices.

« L'envie est un vice mesquin, sordide – le vice du forçat qui boude parce que son compagnon de captivité a reçu une plus forte ration de soupe ». (John Braine).

Tel un scientifique, armé de son microscope, vous avez le sens de l'infiniment petit. Vous vous impliquez en dépensant le minimum matériellement et moralement et, ce qui pour vous est le rêve.

Vous êtes MÉTICULEUX

Vous apportez beaucoup de soin à ce que vous faites, la perfection vous rassure. Avant de planter un simple clou vous avez fait de votre environnement un champ opératoire.

Vous réfléchissez, notez préparez vos projets, avec un soin particulier et une exigence certaine. Vous voulez prendre les mesures d'une table ronde… Comment allez-vous faire avec ce « π » qui ne tombe jamais juste, la prochaine fois optez pour une table carrée, ce sera plus simple.

Le perfectionnisme est une qualité et une source de joie. Ce que vous faites, vous le faites à la perfection et de la façon qui vous convient. Ce qui vous assure d'être heureux du résultat.

Vous êtes MÉTRONOME

Mais non vous n'êtes pas un addict du métro ni un mélomane dans le même réseau. C'est inné chez vous cette habitude de faire rimer les mots. Poète peu talentueux dans l'alignement de lignes pourvues de rimes pauvres, vous attirez rires même fous, moqueries et critiques.

C'est injuste vous faites cela par amusement semi intellectuel. De toutes façons cela n'a rien de dramatique et au moins vos poèmes ne seront pas ternis ou griffonnés par les doigts impatients d'écoliers agacés de devoir les apprendre par cœur. De quel droit peut-on se moquer d'un éternel débutant puisque vous ne progressez pas et qu'on épargne vos semblables définitivement médiocres au tennis ou au golf.

De son temps le baron de Coubertin vous aurait vivement défendu, l'important pour lui étant de participer. Vous au moins vous osez vous exposer verbalement.

Qui sait si Ronsard ou Racine n'ont pas commencé maladroitement comme vous et surtout quel est le niveau littéraire de ceux qui rient.

Vous êtes MIELLEUX

Sirupeux et collants, vous engluez avec une douceur affectée, vos interlocuteurs dans des compliments sucrés. Certains sont gênés ne sachant pas quoi en faire, avec en filigrane l'impression qu'ils ne les méritent pas, et pire que vous vous moquez peut-être d'eux.

Persuadé qu'on ne peut vous aimer, sans que vous soyez obligé d'émettre des compliments, des flatteries, et un tas de jolies phrases vous en faites trop.

Les ours vous adorent. : outre les palmipèdes vous apportez de la confiance à ceux qui en ont besoin… c'est

utile et généreux. Les gens se souviennent de vous avec reconnaissance et bonheur.

Vous êtes MIÈVRE

Un peu fade, décoloré et transparent par nature, désœuvrement, timidité ou par peur de déplaire et de prendre des risques, vous ne vous imposez pas outre mesure.

« L'amour maternel est le moins mièvre des sentiments. C'est avant tout un acte de résistance contre la férocité du monde ». (F. Lefèvre).

Vous êtes persuadé que ce caractère transparent et affecté, non seulement vous évite d'être jugé mais aussi vous permet d'être aimé. Votre personnalité pastelle et prudente est souvent ressentie comme pleine de naturel, de délicatesse et de charme.

Vous êtes MINABLE

On ne prononce ce mot que quand on est en colère ou vexé, qui vous a traité ainsi ? Vous seriez médiocre, faible, laid, misérable, insuffisant et pitoyable… ce n'est pas possible ce qualificatif vous a surement été lancé par quelqu'un de jaloux, de méchant ou de coléreux, à bout d'arguments ou ayant abusé de l'alcool…

« Mieux vaut paraître minable aux yeux des puissances du monde qu'abominable à ses propres yeux ». (Jacques Lamarche).

Vous savez être simple et discret. Par comparaison les autres se sentent valorisés grâce à vous. Un jour sans aucun doute, vous déploierez naturellement de plus grandes ailes.

Vous êtes MISANTHROPE

Vous n'aimez pas les gens, vous n'avez pas d'amis… Tant mieux à Noël, vous êtes dispensé d'envoyer des cartes vœux, de faire des cadeaux, d'avoir à vous souvenir du nom du petit frère de Benjamin, qui investi de ce prénom aurait dû être le dernier de la fratrie.

« Le misanthrope est celui qui reproche aux hommes d'être ce qu'il est ». (Louis Scutenaire).

Etes-vous vraiment certain de ne pas avoir d'amis ? Il peut y avoir des amitiés discrètes peu manifestes mais très profondes, quoi qu'il en soit vous êtes déjà votre meilleur ami. 24 heures sur 24 vous pouvez compter sur votre seul véritable compagnon : vous même….

Vous êtes MISOGYNE

Eh bien qu'est-ce à dire ? que vous est-il arrivé pour que la moitié de l'humanité vous soit antipathique… cela fait pas mal de personnes et en plus, on vous considère comme un phallocrate !

« Ne vous mariez jamais : l'homme le fait par lassitude, la femme par curiosité et chacun est déçu ». (Oscar Wilde). Réfléchissez un peu…. Il y a bien une femme dont vous appréciez l'œuvre, l'engagement, le courage ou l'humour : votre marraine, la boulangère, une ministre scandinave…

« J'ignorais la douceur féminine. Ma mère ne m'a pas trouvé beau. Je n'ai pas eu de sœur plus tard, j'ai redouté l'amante à l'œil moqueur. Je vous dois d'avoir eu, tout au moins, une amie, grâce à vous une robe a passé dans ma vie ». (Edmond Rostand).

Vous trouvez partout des hommes qui partagent votre point de vue. Et sur un plan privé vous n'avez même pas besoin de prendre la pilule.

Vous êtes MOQUEUR,

Le regard plissé, rieur, plaisantant de tout et de tous, vous avez le sens de l'humour et celui de la critique. Facétieux farceur, goguenard, gouailleur, ironique, pince-sans-rire, railleur, ricaneur sarcastique, sardonique, chaque évènement, chaque personne est pour vous une source de joie railleuse.

« C'est quelque chose le rire : c'est le dédain et la compréhension mêlés et en somme la plus haute manière de voir la vie » (Gustave Flaubert).

Vous êtes distrayant et spirituel. Votre regard garde l'empreinte de votre malice. Vous avez l'art de détecter la drôlerie des faits et le caractère cocasse des situations.

Vous êtes MUET

Aphasique, silencieux, vous n'émettez pas de sons est-ce organique ou émotionnel ? Les paroles manquent à votre expression. « Les grandes joies sont muettes », souhaitons que ce soit la cause de votre mutisme.

« Un muet, c'est un antiparlementaire ». (Pierre Dac). Par stupéfaction, timidité, angoisse, les mots souvent vous viennent trop tard comme une procuration, le lendemain d'un vote.

Vous avez les qualités et le talent d'un mime. Cultivant le silence vous ne faites ni impairs, ni gaffes…

Personne ne sait ce que vous pensez et comme le premier qui parle à la réputation d'avoir perdu… Vous êtes gagnant ! « Le silence est un ami qui ne trahit jamais » (Confucius).

Vous êtes MYSTERIEUX

Aimant les sous-entendus, les mots prononcés à voix basse, vous commencez des phrases en pointillé sans les terminer, laissant votre idée imprécise.

Sibyllin, énigmatique et obscur, drapé dans les voiles d'une danse floue, vous inventez les artifices d'une incompréhensible chorégraphie. Disons en conclusion que vous êtes indéchiffrable. Insaisissable vous vous égarez dans les labyrinthes du non-dit.

Vous êtes un être à part : inventeur, écrivain, éclairagiste, comédien… en tout cas un artiste unique, ayant accès à un monde inconnu et sachant cultiver les jardins secrets de l'ambiguïté.

Vous êtes MYTHOMANE

Vous racontez les choses non pas comme elles sont mais comme vous voudriez qu'elles soient… la belle affaire. Avec vous c'est comme dans Pariscope tout est mis en scène, vous vous faites du cinéma avec des effets théâtraux.

Acteur à succès de votre propre vie, vous la mettez en scène avec grandiloquence jouant avec bonheur votre propre rôle. Prenant vos désirs pour de la réalité, vous avez la force de supporter l'incrédulité moqueuse de vos proches.

Vous êtes incroyablement imaginatif pour inventer organiser et vous persuader de ce qui vous arrange. Tout ce qui vous touche prend de la hauteur, du volume, de l'importance et de la gloriosité.

Vous êtes NAÏF

Candide, naturel, spontané et sincère, cousin de Bécassine par la sœur germaine de votre grand-tante, vous croyez que la vache qui rit est joyeuse et que le monde est bon comme un gâteau au chocolat. Vous croyez tout ce que l'on vous dit et tout ce qui est écrit.

La vie vous l'imaginez comme un conte de fée, la magouille, le mensonge et donc la politique vous sont étrangers.

« Il faut beaucoup de naïveté pour faire de grandes choses ». Merci à René Crevel d'avoir écrit cela. Vous vivez heureux dans un monde que vous croyez bon et que vous rendez gentil. Jacques Tati a joué sur le charme de la naïveté dans l'oscarissime « Jour de Fête ».

« La naïveté est le visage de la vérité » (Victor Hugo), alors on ne peut qu'y croire

Vous êtes NARCISSIQUE

Conscient de la beauté que vous ont légué vos parents. Réversible tel un test de Rorschah, vous vivez avec le double que vous renvoie chaque miroir rencontré.

Vous y contemplez avec plaisir, le reflet harmonieux de votre apparence, qui vous précède et vous suit partout. Il y a chez vous une satisfaction visible et aussi un besoin permanent de vérifier la perfection de votre image

Auto-admiratif, vous ne doutez pas de votre physique ce qui est gratuit et requinquant. Ayant la chance de ne pas avoir de complexes vous êtes libre d'être vous-même.

Vous vous trouvez beau, c'est une chance… qui vous permet de vous consacrer à autre chose. Quelqu'un que vous connaissez bien vous trouve vraiment superbe… devinez qui ?

Vous êtes NAVRANT

Par quelles obscures raisons êtes-vous devenu affligeant et pitoyable… et même parfois lamentable ?

Tout homme subit un jour des épreuves des échecs, en vous voyant on peut penser que vous avez été particulièrement gâté par le destin. Que vous est-il arrivé, pour que l'on doive vous plaindre. On vous appelle plus souvent « mon pauvre » que par votre prénom tout seul.

Vous jouez avec la pitié que vous inspirez aux gens comme d'un avantage. La culpabilité que vous inspirez vous réjouit secrètement. Vous suscitez chez tous ceux qui vous côtoient, l'émotion, la compassion et généralement le désir de vouloir vous aider et de s'en trouver généreux tant mieux. Tout le monde est gagnant et vous en premier.

Vous êtes NÉGATIF

Tiret d'une soustraction, vous divisez souvent votre communication. Le mauvais côté de la vie vous ayant influencé, vous vous êtes tourné de son côté. A force de plomber l'atmosphère par de sombres et lourdes réflexions, vous semblez être victime de saturnisme !

« Une personne optimiste ne refuse pas de voir le côté négatif des choses, elle refuse de s'attarder dessus ». (Lord Alexander Lockhart Covington).

Opposant motivé, vous avez la particularité de vous définir à l'envers du positif. « Vous devez vous rappeler que dans la vie il y a un positif pour chaque négatif et un négatif pour chaque positif ». (Anne Hathaway).

Vous pouvez être agaçant mais personne ne vous jalouse. Vous avez décidé d'être la version autoreverse du positif et cela vous procure une certaine fierté.

Vous êtes NERVEUX

Agité, réactif à ce qui vous entoure, vous vivez en permanence dans un état d'excitation et de fébrilité. Vous bougez sans cesse exprimant votre impatience par des gestes saccadés. Vous grignotez sans doute vos ongles, vous mordillez la bouche en vous grattant ici ou là.

Toujours en mouvement, comme si l'agitation calmait votre mal être, vous mêlez l'impatience à la colère. Autour de vous les objets exposent votre agitation : crayon mâché, corbeille à papier débordée, objets atterris sans plan de vol.

Réactif, vous vivez avec entrain une existence dynamique et vibrante. Ignorant la passivité vous êtes considéré comme un homme impliqué et entreprenant. Craignant de vous énerver, on ménage votre caractère, en évitant de vous contrarier.

Vous êtes OBÈSE

On vous considère comme quelqu'un qui a grossi ? c'est vite dit ! qui sait si vous n'êtes pas une personne énorme qui a incroyablement maigri ? Les gens exagèrent avec leurs jugements péremptoires et préaffranchis.

Dans une équipe de Sumos vous seriez par votre poids insuffisant licencié pour faute lourde. Ceux qui vous incitent à faire du sport manquent de délicatesse : c'est déjà assez pénible de peser très lourd, si en plus il faut se déplacer à pied, sans taxi….

Vous vivez dans l'opulence. Personne n'insiste pour vous traîner au squash, jouer avec vous au tennis, escalader les ravins avec un sac à dos et une fleur sauvage sur l'oreille.

En ce qui concerne l'équitation c'est à vous d'en décider avec un escabeau et l'accord du cheval.

Vous êtes OBNUBILÉ

Vous envisagez de façon permanente et obsessionnelle les paramètres de votre vie sous tous les angles. Obnubilare signifie en latin couvrir de nuages. Cela explique que vous n'ayez pas une vue très claire des évènements.

Obsédé par un sujet, vous faites du sur place, incapable de penser à autre chose. Cela vous amène à un comportement rétréci.

Certains doivent leur immortalité actuelle à ce trait de leur caractère. Si Victor Hugo a été obnubilé par les alexandrins, Ader par les Avions et Levassor par les voitures, cela leur a plutôt réussi. Vous attendant plutôt au pire : chaque jour passé sans problème devient rétrospectivement un jour heureux.

Vous êtes OBSÉDÉ

Eh bien voilà vous êtes prisonnier d'une ou de plusieurs idées fixes qui après l'avoir assiégé ont squatté votre cerveau. Que vous soyez obnubilé par le sexe, les aliments, la propreté ou par tout cela à la fois on pourrait penser qu'il vous suffit de diner avec une beauté sensuelle dans un cinq étoiles pour être heureux.

Les gens ne réfléchissent pas assez, pour la grande majorité être obsédé, c'est être vicieux, comme si passer l'aspirateur quotidiennement dans sa voiture ou se laver 20 fois les mains était immoral.

Impliqué et sérieux, vous êtes fidèle à la poursuite de vos idées fixes. Les accumulant par une sorte d'habitude, vous ne risquez pas d'en manquer. Votre caractère obsessionnel est inventif et ne demande qu'à refleurir sous une autre forme. Tout va bien, chaque

idée fixe qui s'en va laisse sa place à une nouvelle.
Vous êtes une sorte de phobique créatif.

Vous êtes OBSÉQUIEUX

Cela ne veut pas dire que vous aimez les obsèques mais que, par excès de complaisance vous en faites trop dans le but de valoriser les autres... en vous dévalorisant au passage.

Courtisan, la tête enfoncée dans les épaules, vous êtes en permanence, disponible pour recevoir des ordres. Aimant rendre service en faisant des compliments flatteurs et que cela se remarque, votre réputation vous précède. La reconnaissance est importante pour vous et pour l'estime que vous en attendez.

Partant du principe qu'il n'y a pas de fumée sans feu (ex : les incinérations...) vous vous donnez beaucoup de mal pour plaire, pour que l'on vous apprécie et que l'on vous aime. Attentif et serviable, on apprécie vos qualités au service des autres et votre engagement, vous êtes satisfait du résultat.

Vous êtes OBTU

Tel un triangle qui aurait les bras croisés, vous n'avez pas une vue grand angle des situations... les uns disent que vous ne voyez que par le petit bout de la lorgnette, les autres que vous ne comprenez rien. Vous ressemblez à un volet entrouvert de l'intérieur qui parait fermé comme si vous ne vouliez pas être vu, ni dérangé par des évènements nouveaux

«Le savant est l'homme superficiel par excellence. Et le plus souvent, il est même essentiellement obtus ». (Hermann Von Keyserling) et personne n'ose en parler!!!

Vous avez bien le droit d'exposer des idées répétitives enroulées autour de votre cou comme un boa. D'ailleurs on vous laisse tranquille « oh toi... Tu ne comprends rien » Voilà ! Les autres aussi ont des entonnoirs dans la tête... mais cachés, vous vous en parlez c'est plus honnête. Ce qui prouve que vous êtes quelqu'un de bien.

VOUS ÊTES OISIF

Désœuvré, inactif, petit vous étiez passif, maintenant vous ne semblez pas très enthousiaste. Tel un oiseau (wisif en ancien français) ... qui semble se promener selon sa fantaisie... mais qui est tout sauf oisif, avec son petit cœur qui bat deux fois par seconde, ses promenades à travers le froid la pluie, les tornades, et les continents, croisant le regard métallique des chasseurs... Les ONG et les bénévolats Ltd raffolent de personnes comme vous pour d'oiseaux les transformer en poulets (attention on vous aura prévenu).

« L'oisif est un individu qui préfère ne rien faire qui serve à quelque chose plutôt que de risquer de faire quelque chose qui ne serve à rien ». (Noctu). « La vie n'est qu'oisiveté » (Giacomo Leopardi.). Vivant à un rythme léger et détendu, les maladies dues au stress vous épargnent. Vous avez la joie d'être agaçant ou énervant. Alors que simplement vous vous êtes super organisé pour être aussi libre.

Vous êtes un OLIBRIUS

Hâbleur original, fanfaron bravache, vous jouez différentes versions d'un personnage ce qui n'a rien d'étonnant avec tous les l'empereurs romain et la star moyenageuse bizarres qui avec leur prénom et leur comportement, ont rendu ce qualificatif célèbre

Tout le monde n'a pas comme vous la chance d'être cité par Molière « Mettons Flamberge au vent et bravoure en campagne faisons l'Olibrius, », et de faire partie des jurons favoris du Capitaine Haddock. Ce qui est certain c'est que vous existez vraiment avec le courage et le caractère d'imposer votre personnalité comme un jeu.

Vous êtes ORGUEILLEUX

Arrogant, suffisant et fier, vous vous êtes, sans aucun justificatif attribué une valeur incontestable. La tête dans les hauteurs couronnée de lauriers virtuels, vous vivez dans un halo de fierté et de grandeur.

Vous ne sortez jamais, sans emporter avec vous les idées toutes faites sur votre supériorité.

« On est orgueilleux quand on a quelque chose à perdre, et humble quand on a quelque chose à gagner ». (Henry James). « Les orgueilleux ne laissent pas de gloire derrière eux ». (William Shakespeare). (Si quelqu'un d'autre que lui, l'avait dit on ne l'aurait pas cru car qui pourrait réussir sans un minimum d'orgueil ? même et surtout lui W.S.). La réussite des humbles est souvent moins assurée.

Si vous vous estimez supérieur c'est uniquement pour féliciter vos parents de leur œuvre. Fidèle à vous-même vous n'avez pas besoin de l'avis des autres pour savoir leur être supérieur. Vous êtes content de vous c'est une vraie bonne idée antimite à doutes.

Vous êtes OUBLIEUX

Vous ne gardez rien en mémoire comme un disque dur, qui ne le serait pas horaires, dates… sont sans importance pour vous. De toute façon ils vont se dévaloriser un jour.

Négligeant par nature, votre tête ressemble à un couloir de métro : avec beaucoup de passage, rien de fixe, quelques affiches vite remplacées. En dehors des repas n'ouvrez pas trop la bouche, si cela se trouve, c'est par là que sortent vos idées.

Avec une mémoire sélective, non sécurisée, qui privilégie l'immédiat, cela vous est bien égal que la société exige certaines règles. L'informatique vous permet de retrouver facilement les choses. En plus vous avez la chance de ne pas vous souvenir de ce qui est désagréable.

Vous êtes OUTRANCIER

Excessif, vous n'êtes pas à une exagération près. Votre apparence est impressionnante vos gestes déployés et violents, votre ton théâtral et vos paroles frappantes. Même les loutres qui ont la réputation d'être joueuses ont peur de vos excès. Au son de votre voix leurs vibrisses s'embrouillent, elles sont désemparées et ne veulent pas de vous dans leur groupe d'amis. N'est pas mustélidé qui veut !

L'outrance permet de réussir dans des professions telles que démonstrateur de coupe frites, râpes ou vin nouveau. Vous savez vous imposer avec des débordements qui vous caractérisent, vous avez le courage d'appeler un chat : UN CHAT...

Soulagé de vous exprimer avec une petite marge en plus comme les ourlets des couturières, vous dormez merveilleusement.

Vous êtes OVERBOOKÉ

La liste de ce que vous auriez dû faire est impressionnante. Celle de ce que vous avez à faire, est sans fin. Vous pensez en même à une botte de choses :

(12 à la fois, la 13 -ème étant offerte). Vous vous affolez sans doute pour être sûr d'exister.

Faites attention : pour qu'une agitation stressante, mal perçue par votre cœur, ne mette prématurément fin à vos jours.

Votre vie est dense, les rendez-vous se jettent sur votre agenda, occupé comme celui d'un livreur d'Hédiard le 31 décembre. Impliqué, vous ne perdez jamais de temps. Distrait par vos innombrables actions, vous ne vous ennuyez jamais.

Vous êtes un PAPA POULE *(excessif)*

Vous êtes un père connecté prêt en moins d'une seconde à dégainer la photo de ses enfants. Comme les vôtres, tous les petits sont beaux et ceux qui le seraient moins sont craquants, et méritent d'être aimés. Vos bambins sont exceptionnels puisque ce sont les vôtres…

Si votre spécificité a été rangée dans la liste des défauts c'est parce que vous ennuyez tout le monde avec votre interprétation orgueilleuse «du père modèle d'enfants exceptionnels », et que leur Mère ne semble pas compter pour vous dans cette affaire, mais surtout, parce que les enfants des autres vous indiffèrent Si on arrive à les évoquer après votre long exposé vous êtes désolé «dommage le temps passe si vite» vous devez vous sauver, laissant les photos des autres retourner dans la mémoire sombre des I phones.

A propos que faisiez-vous avant de couver ? Mais si souvenez-vous : vous étiez ce copain sympa et rieur toujours prêt à aider, à foncer…

Coq généreux, vous êtes si fier de vos enfants et aussi d'être un si bon père modèle, heureux de

reprogrammer vos petits à votre façon, afin que la postérité vous ressemble.

(Ms...ceci ne vous concerne pas ! vous êtes un Père fabuleux !).

PARANOÏAQUE

Le filtre de votre perception ne retient que les mauvaises attentions que vous imaginez. Votre jugement est faussé par des idées un peu délirantes et l'impression que l'on vous persécute. Vous le vivez mal, c'est compréhensif, et à votre tour vous réagissez violement. Dans une copie de bac ayant perçu votre état d'esprit l'examinateur noterait en marge hors sujet. Si par hasard, le sujet portait sur Jean Jacques Rousseau, paranoïaque célèbre, vous mériteriez au minimum quatorze sur vingt.

Vous êtes réaliste ou presque, en tout cas dans le scénario, votre propre rôle crée par vous, sans correction possible, se trouve toujours au centre de l'histoire. Vous vous confortez dans une surestime de vous-même que vous attribuez aux autres.

Vous êtes PARESSEUX

Indolent, négligeant et mou, la liste des travaux d'Hercule ne fait pas partie de votre culture. L'action n'est pas votre tasse de thé… puisque le simple projet de réunir théière, eau chaude et sachet d'Earl Grey vous semble épuisant.

« La paresse est due à un écart d'imagination » (Marcel Jouhandeau). C'est aussi un bon moyen pour ne rien faire.

Vous vous reconnaissez dans l'éloge de la lenteur de Carl Honoré. Vous êtes un pro du « lâcher prise » recommandé par la sagesse Bouddhiste, les cardiologues, et les services de psychiatrie… Vous avez

la sagesse de ne pas vous imposer de contraintes. « Choisissez un travail que vous aimez et vous n'aurez pas à travailler un seul jour de votre vie. » (Confucius).

Vous n'avez PAS CONFIANCE EN VOUS

Euh, si peut être... vous vous exprimez par onomatopées comme pour vous protéger de donner un avis clair. Si vous n'avez pas confiance en vous comment les autres pourraient-ils le faire. Et puis cela ne sert à rien, vous ne pouvez pas rentrer dans la tête des gens comme dans un système informatique pour modifier leur programmation en votre faveur.

Tout ce que vous arrivez à faire c'est à vous gâcher inutilement la vie. Pensez puis notez vos qualités, les actions dont vous êtes fier. Vous n'êtes ni mieux ni moins bien que les autres : chacun est différent.

Vous êtes sensible et simplement compliqué. Vous doutez du jugement des autres et de leur indifférence à votre valeur. Vous êtes cependant persuadé que la vie d'une personne sûre d'elle manque d'intérêt et que la vôtre remplie de pleins et de déliers est beaucoup plus intéressante. ?

Vous êtes PASSÉISTE

Descendant d'un autre siècle vous venez d'une autre époque...Les souris ne sont pour vous que des petits animaux et Google le bruit que l'on fait en se gargarisant.

Vivant dans le calfeutrage d'un décor de tapisseries et rideaux de satin, vous êtes resté dans le passé avec la jeune fille en dentelles rencontrée dans une brocante ou chez un antiquaire et qui partage votre vie. A l'occasion de votre anniversaire vous recevez vos amis dans l'un des salons du musée Grévin

Heureux dans cette existence vintage, vous ne savez même pas ce qu'est un bug ! les nouveautés ne vous envahissent jamais. Votre montre de communiant est pour vous la plus belle qui se puisse trouver. Le passé étant plus certain que l'avenir vous y vivez tranquille et rassuré.

Vous êtes PÉDANT

Vous trouvez normal d'apporter et d'imposer aux autres les richesses didactiques de votre culture. Il peut vous arriver d'être ridicule, mais comme vous ne vous en rendez pas compte… ce n'est pas grave. « Un pédant est un homme qui digère mal intellectuellement. » (Jules Renard). Après le premier stade d'antipathie que vous avez suscité, on hésite entre vous trouver prétentieux ou fragile.

Conscient de votre supériorité : vous comprenez tout plus et mieux que les personnes que vous connaissez (ou pas, votre savoir étant universel). Vous êtes fier de vous et content de l'homme supérieur que vous pensez être, ce qui n'est déjà pas si mal.

Vous êtes PERFECTIONNISTE

Parfait c'est insuffisant. Vous n'êtes jamais content de vous, ni des autres, ni des projets, ni des résultats. Vous ne déléguez pas, vous voulez tout faire seul, estimant que personne d'autre n'en est capable. Cela tombe bien puisque dans votre exigence vous exprimez très mal ce que vous souhaitez obtenir et comment 'exécuter.

Vous avez le gout de réfléchir et le talent de réaliser du mieux possible ce que vous avez décidé de faire … vous y récoltez la grâce d'en être content et celle de vous estimer. Ce que vous faites est parfaitement

exécuté puisque faisant ce qu'il faut, vous avez mis toutes les chances de votre côté.

Vous êtes PESSIMISTE

Cultivateur de négatif vous semez autour de vous idées noires et découragement avec le secret espoir de vous tromper. Vous ne vous attendez jamais à croiser et à récolter des choses positives.

« Un pessimiste voit la difficulté dans chaque opportunité, un optimiste voit l'opportunité dans chaque difficulté ». (Winston Churchill)

Les bonnes nouvelles vous surprennent et vous étonnent plus agréablement que quiconque. Quant aux mauvaises vous y êtes tellement habituées que vous ne les voyez pas. « Mon pessimisme n'est qu'une forme de l'optimisme » (jean Cocteau).

Vous êtes PETIT

Petit vous étiez grand, ensuite cela s'est gâté, votre toise avançait moins vite que celle des statistiques. Devenu identique assis et debout les fonctions de pompier, gendarme G.I.G, peintre en bâtiment ou coiffeur vous sont refusées.

C'est comme cela vous n'êtes pas immense à première vue, mais que d'avantages… Vous ne vous cognez pratiquement jamais la tête., en tout cas beaucoup moins que les autres. Vite lavé sans perdre le temps de parcourir des kilomètres avec un savon. Vous ne trimbalez pas de trop grands abatis comme le font pintades et girafes. Un triple pli roulé en bas de votre jean c'est tellement plus élégant qu'un pantalon trop court suspecté d'avoir rétréci au lavage. Vous attirez la protection et aussi la confiance.

Vous êtes PEUREUX

Craintif par définition, effrayé par habitude, vous imaginez ce que, tout ce qui croise votre vie, peut apporter comme ennui.

Les statistiques avec leur caractère officiel n'ont aucun effet modérateur sur votre esprit. Bactéries et microbes de compagnie vous effraient particulièrement ainsi que tout ce que vous pressentez comme étant dangereux.

Dans la vie rien n'est à craindre tout est à comprendre » (Marie Curie). Bravo vous êtes particulièrement imaginatif « Le courage n'est sans doute qu'un manque d'imagination » (Abbas). Ayant des armures de peurs, vous savez vous protéger mieux que les autres.

Vous êtes un PHOBIQUE

La peur est entrée dans votre vie et ne vous lâche plus. Déguisée de multiples façons vous ne la voyez pas venir. Il est normal d'avoir peur de certaines choses la plupart des personnes sont opiophobes, elles ont peur des aiguilles. Avoir peur des coquetiers violets n'est pas gênant en revanche être incapable de faire un pas dans la rue est invalidant.

Si les autres savaient… ils se cacheraient dans un coin honteux de vous avoir reproché un « manque de volonté » Vous trouverez page 233 » la liste des phobies les plus courantes. 'Ceci pour vous distraire et non… pour vous donner des idées).

Vous n'êtes pas seul regardez autour de vous dans les avions escalators ascenseurs essayez de distinguer ceux qui sont mal à l'aise, cela vous distraira. Lorsque vous ne vous sentez plus en danger… vous éprouvez

un profond bonheur ! Et lorsque vous êtes angoissé, si le teinturier ne trouve pas votre cravate, cela vous est complètement égal...

Woody Allen est certainement encore plus phobique que vous, quant à Hitchcock incapable de rester devant un œuf effrayé « par cette forme ronde sans trou », on peut penser qu'il s'en est vengé en réalisant « Les oiseaux » en 1962

Vous êtes PINCE SANS RIRE

Qui pourrait rire d'un pinçon ? Votre humour d'inspiration britannique, discrètement joyeux a la particularité de s'exprimer sans bruit, à froid, le visage immobile mais avec à propos et finesse.

On comprend le sens de vos paroles, avec deux secondes de retard et avec trois le côté amusant apparait, on sourit. Winston Churchill et Oscar Wilde sont les académiciens de ce style.

Vous êtes fin et drôle, ce qui n'est pas donné à tout le monde. Profitez-en pour séduire si cela vous chante. Vous emmenez les autres dans l'intelligence de votre fantaisie. Votre esprit sans conteste ne manque ni de finesse, ni d'élégance, tout le monde le perçoit.

Vous êtes PINGRE

Qui a dit que vous l'étiez ? les dictionnaires disposent de trop peu de place, si pingre voulait dire la même chose qu'avare ou que radin ils auraient gardé un seul mot. Pingre c'est avare en version mesquine. Avare vous ne laissez pas de pourboire en quittant le restaurant, mesquin vous reprenez subrepticement les 5 euros que vous aviez posés visiblement dans la soucoupe. Pingre : vous laissez avec un soupir de regret et un bruit exagéré une ou deux pièces jaunes.

Attentif et impliqué, vous connaissez la valeur des choses que vous respectez attentivement. Vous faites des courbettes à l'économie. Votre phrase usée est reprisée « je n'ai rien acheté pour ton anniversaire je ne savais pas ce qui te ferait plaisir ». Et hop un an de gagné... Tout gain ou dépense évitée ce qui revient au même, est source d'un incalculable bonheur.

Vous êtes PLAINTIF

« Comme un vol de gerfauts...fatigués de porter leurs misères hautaines... » (J.M. de Hérédia). A vous entendre gémir : tous les malheurs se sont abattus sur vous, rien ne va, vous êtes en permanence victime : de la pluie, de vos douleurs, de l'égoïsme des autres, de l'insolence des jeunes, du prix de l'andouillette, de la laideur des chapeaux au prix de Diane, de la modification des boites de caprice des dieux... Votre litanie désenchantée sans début ni fin se traine comme une rengaine.

Vous suscitez une véritable attention suivie d'une réaction de protection. Souvenez-vous des bons moments, que vous avez croisés, de l'écoute admirative de votre grand-mère et d'une tante bénévole et compatissante qui vous plaignaient, égrenant avec vous chaque Week end le chapelet de vos malheurs. Votre tournure d'esprit vous protège des déceptions et amplifie l'intérêt que vous suscitez.

Vous avez été PLANTÉ

On vous a quitté et... ce n'est pas la première fois. Plusieurs de vos défauts ne s'étant pas entendus avec ceux d'une autre personne, vous voilà seul et abandonné.

Huit milliards de cœurs vous attendent quelque part sur terre et si vous êtes bilingue (bi en langage codé) vous doublerez ce chiffre. En plus, vous avez la chance de n'avoir pas eu à prendre vous-même cette décision... bravo vous savez déléguer. Retenez cette belle phrase d'Henry de Montherlant : « Vive qui m'abandonne : il me rend à moi-même »

Vous êtes POINTILLEUX

Pointu dans l'art de savoir comment bien faire ce que vous faites. Exigeant et attaché à de menus détails, vous surveillez tout en permanence n'acceptant pas que les choses puissent être imparfaites. Dès que vous arrivez dans un endroit vous repérez avec maniaquerie ce qui ne va pas, l'épingle, la rayure... même les fautes d'orthographe. Le moindre défaut hausse vos épaules...

Vous avez le sens de l'observation, l'honnêteté et le courage de faire remarquer aux autres leurs imperfections. Vous avez dans les poches des points à poser sur tous les i sans tête que vous rencontrez.

Vous êtes POLLUANT

Vous parlez fort, fumez vite, conduisez un antique diesel, vous vous grattez le nez dans les transports en commun…. Indifférent à la notion de tri collectif, vous jetez papiers et emballages un peu partout, renversez votre popcorn au cinéma, en marchant sur votre esquimau…. Enfin en résumé vous décorez la planète d'une empreinte qui malheureusement vous survivra.

Vous avez le droit de ne pas planter d'arbres, ni cotiser pour la préservation des éponges de mer. La pollution étant une affaire collective., vous n'êtes pas le seul responsable et comptez sur les autres pour bien

faire à votre place. Les nouvelles lois restrictives sont en train d'affuter leurs sécateurs. Vous faites partie des derniers terriens inattentifs pouvant vivre sans les contraintes destinées à protéger la planète.

Vous êtes POLYGAME *(dans un pays ou la loi l'interdit)*

Jouant des deux mains sur plusieurs gammes il est évident que vous aimez la musique des femmes, et aussi que vous n'êtes pas timide. Convaincant, vous êtes arrivé à persuader celles qui vous plaisaient que c'était là, un mode de vie tout à fait normal. Prudent, vous utilisez si non le même prénom du moins le même diminutif pour chacune.

Votre vie est idéale si la chose est connue, vos amoureuses vivent ensemble et cela crée à vos yeux une saine émulation entrainant de substantielles économies pour les fêtes les vacances et le reste. Si elles ne se connaissent pas c'est également parfait (même si cela vous impose d'être un pro du téléphone exclusif.)

En cas de drame, le veuvage est beaucoup moins dramatique pour vous que pour un autre.

Celui qui cherche une femme belle, bonne et intelligente, n'en cherche pas une mais trois. (Oscar Wilde).

Vous êtes PRÉTENTIEUX

La chose est pour vous évidente et innée : vous êtes supérieur aux autres et ne leur cachez pas qu'ils ne vous arrivent pas à la hauteur du premier petit os de la cheville gauche. Inutile de le leur faire savoir pour le cas improbable ou ils ne s'en seraient pas encore aperçu. « Le prétentieux est celui qui se croit plus intelligent que ceux qui sont aussi bêtes que lui ». (Pierre Dac). Votre prétention auto exigeante vous éloigne des autres et aussi de vous-même.

Vous êtes sûr de vous, convaincu d'une supériorité que vous revendiquez et tout à fait à l'aise en haut des marches. Cette impression ajoutée à votre orgueil, vous incite à vivre élégamment à la hauteur de l'idée que vous avez de vous.

Vous êtes PROCRASTINATEUR

Votre principale occupation consiste à trouver de bonnes raisons pour remettre à la semaine prochaine ce que vous auriez dû faire avant-hier. Grippage des manettes de votre action, votre procrastination vous fait rater beaucoup de choses Au premier rang de la photo vous avez placé votre paresse à côté de votre aversion pour les contraintes afin qu'elles se lient d'amitié et étouffent votre mauvaise conscience.

Zeigarnik vous tend la main grâce à son principe éponyme : « commencez ne serait-ce que cinq minutes une tâche : il est plus facile de terminer ce qui a été commencée, que de débuter à zéro ». « Un voyage de mille lieues commence toujours par un premier pas » (Lao Tseu).

Laissant aux évènements le temps d'évoluer, vous n'agissez jamais de façon précipitée. Le hasard multiplié par le temps referme beaucoup de dossiers vous dégageant d'obligations, devenues obsolètes.

Vous êtes PUDIBOND

Votre sens de la pudeur vous fait faire des bonds, dans certaines situations gênantes pour vous, qu'elles soient sexuellement transmissibles ou pas.

Juché sur un tas de principes, vous vous êtes mis à l'abri de ce qui vous gêne, version sentiments, nudité, sexe et Cie. Cela implique que vous avez autant de mal à vous supporter qu'à supporter les autres.

Réservé façon coincé vous ne risquez pas d'être accusé de libertinage ou d'exhibitionnisme. Vous avez le droit d'accorder au prêt-à-porter plus de sérieux qu'à la lingerie. Réservant votre nudité pour vous seul, si tel est votre désir vous êtes dispensé de tatouages et d'épilation.

Vous êtes un PUSILLANIME

Du latin « pusillus animus » = esprit étroit. Ce défaut n'est pas très grave puisque sur 18.731,25 personnes interrogées aucune n'a pu dire avec exactitude ce que le mot pusillanime signifiait.

Lâche, pleutre et timoré d'après le dictionnaire, vous ne remporterez pas le marathon du courage. Les responsabilités ne vous conviennent pas. Vous êtes qui vous êtes, mais c'est à vos yeux un mystère de savoir qui vous êtes réellement.

Vous êtes certain de gagner haut la main (avec des applaudissements) un concours de scrabble en plaçant les lettres « pusill » avant le mot anime et un « s » après. A l'écoute permanente de vous-même, vous avez une forme de sensibilité touchante qui vous protège des risques inutiles.

Vous êtes RABAT JOIE

Tel un abat-jour qui rabat la lumière, vous tamisez et assombrissez les joies qui frappent à votre porte. L'ennui c'est que si trop de clarté abime la vue, pas assez de bonheur la brouille. Si vous achetez un oiseau évitez d'acheter des races de mauvais augure au profit d'espèces plus joyeuses. Ayant peur d'être malheureux, de l'avenir, vous vous y préparer en vous y habituant.

D'humeur définitivement chagrine vous avez l'art de la phrase qui casse l'ambiance et rétablit la valeur négative des choses. Vous êtes prévoyant et sérieux, en évitant naturellement aux autres l'indécence de se réjouir. Vous apparaissez comme une personne non superficielle, sérieuse et profonde ayant le pouvoir d'éteindre les sourires et de dissoudre les joies.

Vous êtes RACISTE

Toisant, méprisant ou ignorant les personnes qui ont une origine différente de la vôtre. antisémite ou chauvin, ségrégationniste ou totalitaire ou tout à la fois et plus encore, vous êtes persuadé d'être supérieur à des humains et d'avoir le droit de les juger. Vous émettez des jugements aussi étriqués qu'un pull en cashmere lavés à 90°.

Vous êtes particulièrement attentif aux autres, en vous intéressant à leur origine, à leurs faits et gestes. Il vous reste sans doute quelques microns de jugement puisqu'on ne vous jamais entendu dire que le chocolat blanc était meilleur que le chocolat noir, que les roses blanches étaient plus belles que les jaunes et les rouges.

Vous n'ignorez pas que chaque continent a donné naissance à des êtres exceptionnels, de races et de religions différentes, qui sont des exemples mondialement reconnus., admirés et aimés.

Vous êtes RANCUNIER

Avec une indéfectible mémoire, vous vous souvenez de tout : dates, circonstances et détails. Vous avez dans la tête des milliers de reproches, répertoriés, classés, alignés comme des cintres sur les distributeurs des teintureries. Rancunier, vous gardez dans un tiroir, rancœurs et reproches qui encombrent vos souvenirs et plombent votre présent.

Vous avez une excellente mémoire et le sens de l'archivage cognitif. Les maladies génératives vous éviteront plus tard. Votre rancune prouve l'intérêt que vous portez aux autres et la générosité invisible, de vous en souvenir.

Vous êtes REGRETTEUR

Si c'était à refaire… Peu sûr de vous : avant, vous ne savez pas comment vous comporter, après, persuadé d'avoir mal agi., vous empilez les regrets.

Vos promenades s'étendent dans les cimetières, académie officielle de la déclinaison des regrets, sous toutes ses formes : bouquet de fleurs en porcelaine, gravure dans le marbre, rides sur le visage des promeneurs.

Vous n'êtes pas seul, les personnes les plus célèbres et les plus respectées ont-elles aussi regretté d'avoir fait des erreurs… demandez à Louis XVI. s'il ne regrette pas de s'être enfui dans un carrosse aux roues jaune citron facilement reconnaissable ?

La perfection n'existe pas, les grammairiens ont conservé les imparfaits du subjonctif, en reconnaissant leur utilité, mais peut-être certains le regrettent -ils ! Le regret vous permet de découvrir deux versions des évènements ce qui s'est passé et ce que vous auriez voulu donc la richesse de vivre deux fois.

Vous êtes REVANCHARD

Déjà dans la voiture vous avez imaginé ce que vous alliez dire de vexant dès votre arrivée, en guise de bonjour. Avec une mémoire de bibliothécaire, vous vous souvenez de tout ce qui peut blesser. A moto vous faites une queue de poisson à chaque voiture qui ose vous doubler.

Attention, avec ces manœuvres vengeresses, de ne pas attirer le chant des sirènes du Samu Vous cultivez une certaine obsession qui vous gâche la vie comme un appareil dentaire.

Heureux de renvoyer la balle, vous défendez avec passion et mémoire votre point de vue. Ne perdez pas confiance les évènements se chargent toujours à plus ou moins longue échéance de vous venger en distribuant de la douleur à vos ennemis.

Vous êtes REVÊCHE

Acariâtre, désagréable, grincheux, hargneux rébarbatif, bourru, renfrogné et rude. Vous partagez cette particularité avec le « diamant dit revêche » auquel on ne peut faire prendre le poli dans toutes ses parties ». C'est exactement cela vous êtes une matière brute, solide comme un rocher, discret comme une racine de légume et terne comme un verre usé.

Votre absence de concessions est une preuve de fidélité à vos valeurs. Ne vous encombrant ni de détails ni de fadaises conventionnelles, vous vous sentez juste, honnête et vrai.

Vous êtes RONCHON

Boudeur, bougon, bourru, geignard, grincheux, grognard, grogneur, grognon, grondeur, râleur, revêche, ronchonneaux comme le célèbre Rumpy Cat, vous avez pris l'habitude de rouspéter tout bas, mais que cela s'entende. Vous êtes perçu comme un empêcheur de danser en rond et même de danser tout court. On s'habitue à la maussadité de votre caractère.

Vous êtes franc et droit et certainement meilleur que l'on ne l'imagine. Votre caractère cache une vraie sensibilité et une petite timidité émouvante qui vous honorent.

Vous êtes un RONFLEUR

Comment le savez-vous ? Qui vous l'a dit ? Assurez-vous de la fiabilité de la personne qui vous l'a reproché… qu'elle n'a pas simplement rêvé que vous ronfliez. Quoi qu'il en soit : ronfler c'est dormir tout haut pour signaler à l'autre, que l'on s'est assoupi.

Un ronfleur c'est quelqu'un d'honnête, qui ne fait pas semblant d'être silencieux On devrait vous en remercier, grâce à vous, votre voisin réveillé par intermittence découvre trois bonheurs : celui de s'endormir, de se réveiller plusieurs fois et ainsi de rêver plus souvent avec la possibilité de méditer si cela lui chante.

Vous êtes ROUSPETEUR

Bourru, grincheux, grognon, râleur, ronchon rouscailleur, ne faisant aucune confiance aux autres, vous semez votre vie de récriminations et de réclamations. Ou que vous alliez, vous marmonnez à voix passe votre réprobation. Même votre ange gardien a demandé sa mutation sans autre exigence que de ne plus avoir à vous côtoyer.

Vous êtes vrai, sensible et courageux disant tout haut ce que les autres pensent tout bas, et leur évitant cet ennuyeux devoir. Vous feriez un super syndicaliste. Les hypocrites et les timides, envient votre droiture.

Vous êtes RUINÉ

Tel un vieux château qui s'effondre, votre patrimoine s'est écroulé. Il ne vous reste que des souvenirs et un impressionnant courrier de réclamations. Chaque lettre apporte une nouvelle plus mauvaise que la précédente… Votre avis a changé concernant les missives publicitaires qui finalement sont distrayantes et ont la gentillesse de proposer sans rien exiger et surtout de vous considérer comme quelqu'un de solvable.

On ne vous emprunte jamais rien. On vous jalouse (si si si !) d'avoir vécu dans la richesse et trouvé la force de lui survivre. Les choses ne peuvent que s'arranger pire étant impossible. Le Mont de Piété avec ses vœux sincères vous assure un petit revenu en échange de vos objets gagés.

Vous êtes SADIQUE

Petit, vous jouiez à démonter les insectes, arrachant une aile, une patte, plus tard, un œil, impassible, vous observiez leur souffrance avec intérêt. Certains aiment les babas mousseux vous, c'est la douleur que vous créez qui vous semble voluptueuse et gourmande.

Disciple de Donatien François Antoine, Marquis de Sade, inventif, vous ne manquez pas d'imagination pour faire du mal avec un sourire cruel. Vous êtes une personne délicate : il faut de la sensibilité pour être sadique (si on ne ressent rien cela ne marche pas) … et aussi le talent d'un chasseur de têtes pour trouver les bonnes victimes

Vous êtes SANS GÊNE

Vivant sans retenue vous n'utilisez jamais d'attention dans vos relations avec les autres. Vous les toisez, vous les bousculez, vous les dérangez enfin vous les gênez avec insouciance. On ne sait jamais combien de temps vous allez imposer votre présence, ce qui est logique puisque vous êtes arrivé sans prévenir. Votre conversation est jacassante vous posez des questions indiscrètes, combien telle chose a-t-elle coûté, donnant sur tout, un avis non réclamé.

Vous êtes à l'aise partout et dans toute situation ce qui n'est pas donné à tout le monde. Votre comportement naturel et dérangeant est désarmant. On n'ose même pas vous faire des réflexions qui désobligeraient leur auteur.

Vous êtes un SÉDUCTEUR

Bien physiquement, vous entretenez avec soin une image attirante, certains envieux de votre succès croient que vous ne pensez qu'à plaire. Sans penser qu'être toujours soigné, souriant et enjoué exige de la rigueur. En fait vous êtes une sorte de coach de l'amour qui redonne confiance à ses interlocutrices, mais pas forcément en l'avenir puisque vous passez d'une sujette à l'autre avec la dextérité d'un pianiste qui passe peu de temps sur chaque touche « J'aime celui qui m'aime est-ce ma faute à moi si ce n'est pas la même que j'aime chaque fois ! » (Alfred de Musset).

La séduction vous confère un pouvoir certain. Vous êtes fier et flatté par les sentiments que vous inspirez Vous avez l'art de concentrer votre attention sur la personne avec laquelle vous vous trouvez. Celle-ci se sentant intéressante et écoutée est rapidement séduite, rassurée et heureuse.

Vous êtes SENSIBLE

TOUT vous touche et vous concerne. L'œil rougi, la mine bouleversée vous vivez à fleur d'émotion de soupirs et de larmes… Les évènements vous parviennent en version amplifiée : les tristesses sont démultipliées. Vous les relatez aux oreilles attentives avec des phrases filandreuses comme des restes d'asperges

La sensibilité permet d'accéder à des niveaux privilégiés d'émotions artistiques et humaines. Les joies que vous éprouvez sont plus profondes que celles des autres personnes. Vous êtes apte à grimper très haut vers les sommets du bonheur.

Vous êtes SEUL

Personne ne vous appelle, personne ne pense à vous ! Ah bon on vous a délaissé, oublié, planté, quitté… (Ordre alphabétique les choses se sont peut-être passées autrement). Célibataire, orphelin de tous vos aïeux, délaissé, abandonné, de tous, vous vous sentez seul…vous plaisantez ! … Il y a 24 heures sur 24 des personnes qui s'intéressent à vous : les ordinateurs des Impôts et d'Engie enregistrent avec minutie chacun de vos faits et gestes : vous allumez la télé, faites chauffer un café… c'est noté et vite facturé.

Un jour vous penserez avec nostalgie à cette liberté… perdue. « Enfin me voilà seul… et déjà je me demande avec qui je vais vivre » (Sacha Guitry). En compagnie de vous-même vous n'êtes jamais seul, vous avez aussi la liberté de sortir … !

La solitude permet de faire exactement et précisément ce que l'on veut. C'est un luxe intellectuel. N'oubliez pas que vous existez pour un plus grand nombre de personnes que vous ne le supposez.

Vous êtes SEXISTE

Il semblerait que votre attitude soit jugée discriminante, misogyne et Cie. Vous évitez les femmes, vous les brimez non sans en éprouver à chaque fois une petite joie. Vous pouvez même par hypocrisie, faire semblant de les apprécier. On dirait que chez vous c'est un manque de culture, d'habitude…

Vous n'avez aucune excuse puisque courant plus vite qu'elles, vous avez la possibilité de vous soustraire promptement à leur compagnie. Il semble que vous oubliez toutes les femmes qui vous facilitent la vie : votre femme de ménage, votre pharmacienne, votre kiné…

Vous ne risquez pas de perdre la tête pour une femme… puisque vous n'aimez pas cette catégorie humaine, mais si cela vous arrivait… vous seriez encore gagnant.

Vous êtes SINISTRE

Vêtu de noir, austère, sombre, ennuyeux et triste vous avez la gaité d'un corbillard sur la route. On vous trouve maussade et funeste. En plus pour tout arranger vous répétez à qui veut l'entendre, que vos prévisions négatives, se sont réalisées. On pourrait en déduire que vous portez malheur. En tout cas vous avez la tête de quelqu'un que l'on n'a pas très envie de connaitre.

Heureusement qu'il existe des personnes sérieuses comme vous pour contrebalancer la fausse gaité de celles qui se sourient devant un miroir, en faisant des mines et qui rient de tout avec légèreté.

Vous êtes SNOB

Ce terme à consonance élitiste ne qualifie pas une personne noble mais au contraire une personne sans noblesse (cf. sine nobile expression désignant autrefois les élèves nouveaux riches dans les très chics pensionnats anglais Ltd).

Les accessoires concrets de votre vie : voiture, maison, garde-robe, habitudes sont griffés. Vous vous tenez au courant des modes et des nouveautés, dans le but d'être distingué (au propre et au figuré).

Vous êtes un mécène qui contribue largement au développement des sociétés de luxe. On peut aussi vous reconnaitre, si vous n'aimez pas jouer au golf, le courage de vous infligez ce sport raisonnable. Vous vous donnez beaucoup de mal pour mériter que l'on vous mérite.

Vous êtes SOPORIFIQUE

Habitué à entendre vos longues phrases, et afin d'éviter une nouvelle tirade, on évite de vous poser des questions. Inutile d'acheter des cartes de visite un sachet d'infusion de tilleul avec votre numéro de téléphone ou votre courriel écrit à la main suffira à indiquer efficacement vos coordonnées tout en apportant une note personnelle végan, et comme vous, favorable au sommeil.

Vous calmez les nerveux. Vous avez un vrai pouvoir d'endormissement comme rêvent d'en posséder les fakirs. Il suffit que vous ouvriez la bouche pour que vos auditeurs passent en onde alpha. Vous êtes un trésor pour les insomniaques se remémorer ce que vous avez dit et de quelle façon, les réconcilie prestement avec morphée.

Vous êtes SOUPCONNEUX

Votre tête abrite des portées de soupçons vous méfiant de tout, vous prêtez aux autres des intentions peu louables. Merveilleusement analytique vous avez upgradé le soupçon en un mode de pensée. « Quiconque est soupçonneux invite à le trahir ». (Voltaire). « Les jeunes gens n'ont pas le caractère soupçonneux ils sont confiants car ils n'ont pas eu le temps d'être souvent trompés » (Aristote).

Soupçonner c'est s'intéresser aux autres, donner du relief aux événements Vous vous plaisez à imaginer une réalité contrariante. Vous excellez dans le méandre du détail : écrivez vite un polar. Quoiqu'il arrive vous vous en doutiez un peu, même si vous vivez au-dessus de tout soupçon.

Vous êtes SOUPE AU LAIT

Expression venue du XIXème siècle ou l'on disait que le lait ajouté à la soupe la faisait déborder. Sujet à de brusques averses de colère vous passez du soleil à la pluie. Ce qui dans votre contexte professionnel peut donner lieu à des paris à vos dépends. « Tu crois qu'il va le prendre comment ? Qui va le lui dire ? il va partir au quart de tour ».

Sensible, vous avez une indépendance d'esprit certaine et une vraie réactivité aux situations. On craint vos réactions aussi imprévisibles qu'enflammées alors on vous présente les choses arrondies, light, …

On vous ménage gentiment, on se préoccupe de vous, pour éviter de vous faire déborder.

Vous êtes SOURNOIS

Hypocrite retors et matois, perfide et fourbe, vous êtes le spécialiste des coups en dessous. Le regard en biais, les épaules rentrées, l'air faussement aimable, vous distillez les impressions, ce qui rend vos expressions peu déchiffrables. Votre manque de franchise est déroutant, vous risquez même un jour de vous cacher des choses...

Vous avez les qualités d'un joueur de poker, d'un chef hypocrite, d'un voisin soupçonneux. Ayant l'art d'éviter les affrontements, vous déshabillez les choses de leurs piquant avant d'en parler. Vous êtes souvent bien vu, généreusement, votre dissimulation rassure les inquiets.

Vous êtes SUFFISANT

Persuadé d'avoir raison vous savez tout, connaissez tout, donnez avec assurance et une certaine prétention un avis sur tout, lassant vos interlocuteurs par vos propos répétitifs comme un disque rayé...

Vous ne manquez jamais de confiance en vous et même si vous agacez, cela vous suffit pour être heureux.

Content de vous, vous affichez un certain dédain pour tout ce qui ne vous concerne pas. Ayant une certaine autorité, peu vous contredisent, découragés à l'avance d'entendre votre réponse prévisible.

Vous êtes SUPERFICIEL

Vous parlez avec légèreté des choses qui ne le sont pas. Semblant tout survoler sans vous attacher à ce qui se passe, vous accordez peu d'intérêt aux évènements.

Pragmatique de naissance, dans les circonstances les plus tragiques, vous demandez à votre voisin ou il a acheté ses chaussures et combien elles lui ont couté.

La légèreté participe toujours d'une certaine élégance. Et si c'était par pudeur et délicatesse que vous évitiez d'évoquer des choses profondes. Au moins

vous avez la générosité de ne pas pesez sur les autres et de ne pas solliciter leur émotion.

Vous êtes SUPERSTICIEUX

La vue d'un chat noir jouant avec une araignée sous une échelle vous pétrifie. Prêtant un pouvoir occulte au destin et dans l'espoir de ne pas le contrarier, vous êtes attentif à tous les signes interprétables. Vous avez peur par une action malencontreuse, de décroche du ciel de fâcheuses conséquences. Vous marchez sur le trottoir en évitant les lignes ce qui vous donne un pas de danseuse.

En Russie, on évite de se coiffer avant un examen, le peigne ou la brosse, pouvant entrainer tous les savoirs.

La superstition est le reste d'une pensée irrationnelle venue de la nuit des temps. Contrairement à ceux qui vivent sans espoir d'irréel, vous avez la chance de croire dans la magie de choses invisibles et d'en attendre des manifestations positives.

Vous êtes SUSCEPTIBLE

Fragile, vexable, sensible, vous réagissez trop vite, interprétant chaque situation dans sa version la plus offensante à votre égard. Votre amour propre est fragilisée atteint par les blessures que vous ressentez de façon exagérée. Pensant que tout tourne autour de vous, vous interprétez négativement des avis qui ne vous étaient pas destinés.

Attentif, et réactif, prêt à vous enflammer pour la moindre parole, le plus petit détail contrariants ; vous avez l'art de démarrer au quart de tour. Comme chacun, vous êtes bien entendu susceptible de vous

améliorer. Vous avez l'élégance et la délicatesse d'être sensible.

Vous êtes TACITURNE

Du latin « tacites » qui se tait. Il est vrai que vous n'êtes pas très volubile. Mélancolique et taiseux en version sombre, renfermé et discret, vous semblez triste et déprimé. Peu enclin à vous réjouir vous apportez avec vous un sérieux inébranlable, une tristesse inouïe, un découragement inépuisable et une façon de voir les choses si dramatiques, qu'elle arriverait par l'envers de son côté funeste à faire rire les plus pessimistes

On peut compter ponctuellement et rapidement sur vous pour décorer d'un triste silence les vraies périodes de malheur. Vous avez la générosité de laisser les autres s'exprimer et la sagesse de ne rien dire.

Vous êtes TAPE A L'ŒIL

Visible et heureux d'être vu, content d'éblouir vous imposez votre personnalité voyante au sens propre. Vous vous présentez comme une personne différente par le luxe affiché et la façon de porter des choses « visibles » avec une joie naïve.

Vous avez besoin du regard des autres pour exister et faites tout ce qu'il faut pour que l'on vous voit. Souhaitant être remarqué, vous savez vous mettre en valeur pour surpasser les autrui avec l'art de la mise en scène et un sens artistique qui privilégie la couleur, l'originalité et la visibilité. On s'intéresse à vous.

Vous êtes une TAUPE

Non pas parce que vos cheveux sont beige cendrés avec des reflets gris, mais parce que vous vivez en sous-sol. La dissimulation est votre mode de vie. Ne supportant pas que l'on sache clairement ce que vous faites, vous observez, écoutez, supposez, creusez, explorez et tirez des conclusions, hâtives comme les premiers fraises du printemps.

Vous parlez peu mais de toutes façons, on ne vous entend pas, comme les taupes qui reniflent quand elles sont enfumées et émettent des cris perçants ultrasons inaudibles. Avec une mentalité d'espion vous avez appris des choses passionnantes tout en cultivant une discrétion qui vous honore.

Vous êtes une TÊTE DE BOIS

Pinocchio pour les uns, Penn koann pour les bretons (qui en sont un bon exemple !). Buté le lundi, obstiné le mardi, têtu le mercredi, entêté le jeudi, obstiné le vendredi, borné pendant le week-end et peu différent le reste du temps. Vous restez sur vos impressions comme un tissu grand teint dans la vitrine d'un décorateur.

On vous critique car comme un rétroviseur, vous renvoyez à ceux qui dansent d'un pied sur l'autre ou changent d'avis comme la Poste, une image qui ne leur ressemble pas.

Votre détermination est une force évidente, comme l'ont prouvé Napoléon, César, Néfertiti, l'inventeur du Prisunic et tous ceux qui ont mené leurs projets jusqu'au bout. En plus le bois est une matière noble... comme vous.

Vous êtes TIMIDE

Ne sachant pas toujours qui vous êtes, vous vous demandez ce que les autres pensent de vous. Un vrai timide doute moins de lui que de l'effet qu'il produit. Être timide, c'est rester dans son emballage sans vouloir en sortir.

Timide : c'est élégant en petites lettres majuscules. Il y a plein d'autres personnes comme vous qui partagent cet état d'esprit : pensez au « timide » de Blanche Neige qui en plus, lui était nain. La timidité vous donne un air réfléchi et profond… elle vous pare d'une discrétion bien élevée signe d'une éducation de qualité.

Vous êtes TOURMENTÉ

Soucieux, perdu dans vos réflexions, vous êtes absent de la réalité. Vos préoccupations déshabillent l'expression habituelle de votre visage, on peut y percevoir tout ce qui s'y passe. Et ce n'est pas gai. « L'avenir nous tourmente, le passé nous retient, c'est pour ça que le présent nous échappe ». (Gustave Flaubert). Vous essayez toujours de prévoir, d'imaginer l'avenir, comme si les ennuis et chagrins se présentaient par ordre alphabétique, pourtant on dirait souvent qu'ils se tirent au sort avant d'apparaitre.

Vous êtes profond et solide, comme les racines d'un grand chêne. Votre pessimisme est réel, il vous promène à travers les méandres déployés de votre imagination à la découverte de sentiers inconnus.

Vous êtes un TRAÎTRE

Espion ou pas vous avez pris cette habitude. L'élasticité de votre conscience vous permet d'aller loin dans la trahison qui a des points de communs avec le tennis : tout commence souvent par un service. Les remords ne vous étouffant pas, vous avez l'air normal.

Vous vous intéressez aux autres pour leur bien ou presque. Il y a des traitres admirables, qui dénoncent les talents, des personnes remarquables, passionnantes, ou artistes. Chacun a le droit de défendre son point de vue. Votre motivation est guidée sans nuances par votre seul intérêt. Vous avez la délation joyeuse et la dénonciation enjouée.

Vous êtes TRICHEUR

Gagner quelque chose qui ne vous est pas dû, vous apporte un bonheur extrême. Vous sautez à la corde sur les règles établies par la probité (qui ne sont faites que pour les autres et certainement pas pour vous). Pro du resquillage, votre sport favori, vous cherchez à tricher même dans les plus petits détails, arrachant une étiquette de réduction sur des pots de yaourts avant de passer à la caisse… (Votre honneur pour 0,30 € tout de même, vous vous rendez vous compte !). …

Il y a des tricheurs admirables capables de tricher à l'envers sur la balance automatique (nous sommes toujours dans une grande surface) en pesant leurs pommes au prix des cerises…

Vous avez le sens de l'immédiateté et contribuez à maintenir les emplois de contrôleurs, de clients mystères et de vigiles.

Vous êtes ULTRA SENSIBLE

Vos larmes sont prêtes à jaillir de vos infatigables caroncules. La moindre chose triste ou joyeuse vous fait pleurer, rougir, trembler. Une remarque vous démolit, un cadeau vous émeut, vous vivez dans un mixage de sensations affectives.

Votre émotivité vous amène souvent à faire des contre sens, vous entendez un mot aussitôt, vous brodez sur un canevas…. Il est mort…. de peur…ouf. Vous vivez peu au sec avec ce trop-plein de sensations larmoyantes, prenant tout au sérieux, sans ménager votre sensibilité, ni vous protéger des excès de chagrins ou de joies.

Vous êtes compatissant envers tout le monde. « Quelles que soient les larmes qu'on pleure, on finit toujours par se moucher ». (Marcel Achard). Votre sensibilité est l'expression de valeurs profondes que l'on ne peut qu'admirer

Vous êtes UTOPISTE

Votre esprit transforme votre réalité en monde imaginaire, l'Ubu d'Alfred Jarry est votre cousin. En réalité… (Ce mot vous est étranger !). Vous rêvez jour et nuit votre, vie échafaudant souvenirs et projets.

Concernant les problèmes graves et ennuyeux, dégonflés par votre irréalité, ils s'effondrent sans bruits comme des soufflés que l'on a oubliés, à leur sortie du four.

Vous vivez heureux dans le monde imaginaire que vous avez créé comme une lanterne magique. Distrayant, créatif et imaginatif avec en plus le sens de la poésie, vous rendez réelles des choses imaginaires. On vous écoute avec enchantement. Votre imagination est une vraie richesse

Vous êtes VANITEUX

Petit vous étiez déjà un peu vantard. Maintenant vous avez fait de la suffisance plus qu'une habitude : un mode d'emploi. « La vertu n'irait pas loin si la vanité ne lui tenait compagnie » (La Rochefoucauld).

Présentant les choses sous un jour qui vous valorise : vous dites être capable de monter sur deux chevaux à la fois, de battre des records… pour afficher votre supériorité,

Vous vous suffisez à vous-même en étant fier de vous, ce qui n'est pas donné à tout le monde. Vous êtes votre meilleur supporter pour promotionner vos qualités et succès supposés ou réels.

Vous êtes VANTARD

Dans vos récits, c'est toujours plus : plus fort plus grand, plus vite parce que…. vous êtes plus intéressant que les autres. C'est un miracle que vous soyez encore en vie après avoir nagé pendant 10 h, (5 minutes pour la police des plages). Vous avez sauvé la vie de personnes qui ne risquaient rien. Vous avez été le premier propriétaire d'un I phone. Vous pouvez vous présenter dans toutes les boites privées, (même en tournant les talons sans insister).

C'est presque triste de vous regarder vous promotionner. Sans doute avez-vous été minimisé petit. Vous êtes à la fois agaçant et touchant.

Vous êtes si content de vous et les autres sont si distraits que vous êtes souvent applaudi. En plus vous donnez un bon exemple d'optimisme et de promotion interne ce qui crée une émulation certaine.

Vous êtes VÉLLÉITAIRE

Inconstant, indécis, hésitant, inconsistant, instable vous offrez le spectacle d'un intermittent dans la prise de décisions… non suivies d'effets. Vous commencez le piano, abandonné pour le violon remplacé par des C.D. moins contraignants. Vous dessinez, pastellisez puis peignez à l'huile pour vous intéresser à une collection de jetons de casino…

Vous n'allez jamais jusqu'au bout d'une idée ou d'un projet, ce qui vous épargne le stress de réussir.

Vous cultivez la liberté d'hésiter, de changer d'avis, de ne pouvoir vous décider A force de vous adapter aux changements, enrichi par toutes vos expériences, votre cerveau a acquis la souplesse du silicone que l'on utilise dans les process de l'intelligence artificielle.

Vous êtes VENTRIPOTANT

Le tripotage de gourmandises avec des potes, a déformé votre ventre. Bedonnant, pansu, ventru vous n'avez pas le corps d'un sportif de compétitions. On peut tout au plus vous imaginer sur un terrain de golf de préférence assis.

N'étant pas vraiment gros, vous êtes devenu mieux de dos que de face. Orienté vers le bonheur que procurent les mets raffinés, vous êtes un bon vivant optimiste, et cela se voit. Votre silhouette est une marque de savoir-vivre joyeux et d'une connaissance culturelle et gastronomique des bonnes choses.

Vous êtes VERSATILE

Basée sur le cours de l'euro et du Nasdaq, votre opinion varie en permanence. Vos Jugements se balancent en escarpolette entre ciel et terre. Une chose qui vous plait est rapidement délaissée, un projet abandonné avec de si bonnes raisons qu'elles glisseraient des larmes aux coins des yeux.

Vous portez des vêtements réversibles, avez adopté un caméléon (lui c'est pour sauver sa vie qu'il change d'aspect).

« Il n'y a rien de négatif dans le changement, si c'est dans la bonne direction. » (Winston Churchill). Vous êtes intelligent c'est certain puisque seuls les imbéciles ne changent pas d'avis.

Vous êtes une VICTIME

Mon Dieu que vous est-il arrivé pour avoir décroché ce karma. Vous êtes un porte malheur ambulant, mais au fait en quoi l'êtes-vous ? Si vous étiez une vraie victime ce ne serait pas un défaut mais une dure réalité. Réfléchissez : S'il existait des graines pour cultiver les soucis, en planteriez-vous autour de votre demeure ?

Votre propre malheur ne vous déplait pas tant que cela, vous y trouvez la joie de subir. On s'intéresse à vous, on vous plaint… on se préoccupe de ce dont vous avez besoin, de ce que l'on peut faire pour vous. Si vous unissez votre triste sort à celui d'une personne sado-maso, vous vivrez un merveilleux amour garanti malheureux.

Vous êtes VIEUX JEU

Costumé à l'ancienne, montre en or, veste à boutons médailles, vous observez le monde actuel avec un regard myope, incrédule et surpris. Vous vous promenez au bras du manche de votre parapluie accompagné par vos principes nostalgiques.

Vous parlez en anciens francs, votre plan de Paris date d'avant les périphériques. Vous vous protégez des chamboulements de la modernité, dont vous êtes un ronchonnant contestataire.

Précieux, rare et unique comme un bel objet du passé, vous avez une valeur certaine. Vous êtes désuet,

c'est commode ! avec la patine et le charme d'un vieux meuble.

Vous êtes VIF ARGENT

Extrêmement rapide et vivace vous partagez avec le mercure le fait d'être intraçable, d'avoir une vraie densité et de vous mettre en boule. Il peut en plus vous arriver d'être coléreux et impulsif. Toutes ces caractéristiques que l'on attribue au mercure sont finalement très humaines.

Vous pouvez utiliser votre dynamisme dans des activités sportives et votre brillance pour animer le regard de ceux que vous rencontrez. Vous êtes ultra rapide comme l'éclair on ne peut vous diriger ni vous priver de liberté. Votre célérité vous évite de, stationner sur un échec. Vous avez l'art de vous soustraire avec fluidité aux difficultés.

Vous êtes VILAIN

La laideur ou plus précisément le manque de beauté dérange. Cela s'apparente à un manque de chance… et si c'était contagieux ? Il vous suffit d'attendre que les pommes lassées d'être prises pour des poires se consolent dans vos bras.

C'est valorisant pour une jolie femme d'être vue avec un homme laid. On attribue au premier de l'intelligence et de la fortune, et à la seconde une vraie profondeur.

Les vilains embellissent avec le temps ou tout au moins enlaidissent plus discrètement L'intérêt d'être un peu pas terrible c'est qu'il n'y a pas ces pénibles variations avec des jours avec et des jours sans, pour vous c'est toujours plutôt sans.

Vous êtes VIOLENT

Emporté et coléreux, l'"impulsivité vous emboite le pas : les injures grimpent sur leurs grands chevaux, le ton monte, les gestes éclatent et les portes aussi. « L'homme violent est un faible qui n'arrive pas à contenir des pulsions que tout le monde maîtrise. » (A. Verschaere). Ce torrent est peu compréhensible pour ceux qui le voient passer avec étonnement.

Dynamique et réactif vous avez une présence certaine et le courage de vos opinions. Vos réactions s'expriment en version originale sur grand écran.

Vous êtes VIRÉ

L'insuffisance managériale de vos supérieurs ayant fait son coming-out, la situation s'est fâchée, on a cru bon de vous licencier. Fausse vraie bonne idée qui n'a pas réglé les vrais problèmes de l'Entreprise. Vous avez ressenti une impression de ratage et d'injustice.

Ils vont vite regretter votre absence : vos blagues à la cantine, vos retards en réunion qui permettaient pour le bonheur de ceux qui n'avaient pas écouté de la reprendre au début, en version accélérée. Votre présence, près de la machine à café assurait à celle-ci une protection anti-vol.

Faites un test amusant en retrouvant vos anciens collaborateurs par un hasard voulu à la sortie. Ceux qui regardaient leurs chaussures pour éviter votre regard le jour de votre départ agitent maintenant les bras pour retenir votre attention. Comme ils le pressentent si le présent leur appartient, l'avenir est à vous.

Vous êtes VULGAIRE

Commun, version ordinaire, vous aimez les choses criardes et par ordre alphabétique vous n'hésitez pas à roter, vous gratter... En fait vous vous trouvez normal et pensez que les autres sont chichiteux prétentieux et snobs.

Qui peut juger ? personne n'est à votre place ! C'est grâce à vous que par comparaison les autres sont élégants, merci qui ? On ne vous jalouse ni ne vous envie. « Aucun crime n'est vulgaire.... La vulgarité, c'est ce que font les autres ». (Oscar Wilde).

Vous êtes ZINZIN

Vous êtes à la fois...acariâtre, bagarreur, cynique, diabolique, exalté, fainéant, grivois, hypocondriaque, ignare, jaloux, lâche, misogyne, négatif, outrancier, pusillanime, rancunier, snob, utopiste et ventripotent...

C'est génial d'être zinzin : votre vie est à géométrie variable ce qui vous paraissait évident ce matin ne l'est plus. Puisque vous êtes zinzin vous avez tous les défauts et donc toutes les qualités qu'ils sous - entendent.

BRAVO ! Zinzin vous êtes absolument humain...

LISTE DE PHOBIES COURANTES

Acarophobie - Peur des parasites et des acariens.

Achluophobie - Peur de l'obscurité.

Acrophobie - Peur des hauteurs ; du vertige.

Agoraphobie - Peur des lieux publics.

Aichmophobie - Peur des aiguilles

Ailurophobie - Peur des chats.

Anuptaphobie - Peur de rester célibataire.

Apiphobie - Peur des abeilles, des insectes

Apopathodiaphulatophobie - Peur d'être constipé

Asthénophobie - peur de la faiblesse

Aquaphobie - Peur de l'eau

Autochéirothanatophobie - Peur du suicide

Arachnophobie - Peur des araignées.

Arithmophobie Peur des chiffres, et des nombres

Ascensumophobie - Peur des ascenseurs28

Astraphobie - Peur des éclairs.

Bélénophobie - peur des aiguilles.

Blutophobie - Peur de se baigner, de la noyade

Brontophobie - peur du tonnerre.

Carpophobie – Peur des fruits[38].

Catapédaphobie – Peur de sauter[17].

Cherophobie – Peur de la joie[39]

Cheimophobie - Peur des tempêtes et des orages.

Claustrophobie - Peur des espaces confinés.

Coulrophobie - Peur des clowns.

Cusuraphobie - Peur d'avoir tort.

Dysmorphophobie -Peur des anomalies physiques.

Émétophobie - Peur de vomir.

Éreutophobie - Peur de rougir en public.

Gymnophobie - Peur de la nudité.

Hématophobie - Peur du sang.

Hexakosioihexekontahexaphobie - Peur du nombre 666.

Hydrophobie - Peur de l'eau

Hylophobie - Peur des forêts

Hippopotomonstrosesquippedaliophobie - Peur des mots trop longs. (si si…)

Kénophobie - Peur du noir et de l'obscurité.

Katagélophobie - Peur du ridicule.

Myrmécophobie - Peur des fourmis.

Nosophobie - Peur de la maladie.

Ophiophobie - Peur des serpents.

Ombilicophobie - Phobie liée au nombril

Pantophobie - Peur de tout.

Phasmophobie -Peur des fantômes.

Phobophobie - Peur d'avoir peur.

Pyrophobie - Peur du feu.

Squalophobie - Peur des requins

Sidérodromophobie - Peur de voyager en train.

Thanatophobie - Peur de la mort.

Triskaïdekaphobie - Peur du nombre 13.

Zoophobie – peur des animaux…

BIBLIOGRAPHIE

ARRÊTEZ DE VOUS TROMPER – Rolf Dobelli – Editions de l'Organisation.

L'ART DE LA SIMPLICITE – Dominique Loreau – Editions Marabout.

L'ART DE METTRE LES CHOSES A LEUR PLACE - Dominique Loreau –Flammarion.

CE DONT JE SUIS CERTAINE– Oprah Winfrey – Editions du trésor Caché.

DICTIONNAIRE LAROUSSE- Editions Larousse

L'ART D'ALLER A L'ESSENTIEL - Léo Rabauta- Editions Leduc

CES GENS QUI NOUS EMPOISONNENT L'EXISTENCE – Lillian Glass Editions Dangles.

CES PETITS RIENS QUI CHANGENT TOUT. - Susan & Larry Terkel - Editions Leduc

CHANGER SA VIE – I. Gauducheau, M.L. Teysseidre – Editions Jouvence

CINQ MEDITATIONS SUR LA BEAUTE - François Cheng - Librairie Albin Michel

L'ESTIME DE SOI - Patrice Ras – Editions Larousse

ET N'OUBLIE PAS D'ETRE HEUREUX – Christophe André Editions Odile Jacob

LES 5 BLESSURES QUI EMPÊCHENT D'ETRE SOI-MÊME - Editions. Stanké.

L'HOMME QUI VOULAIT ÊTRE HEUREUX - Laurent Gounelle – Editions L 'opportun

LA FORCE DU CARACTÈRE – James Hillman – Editions j'ai lu.

JE LÂCHE PRISE - Heike Mayer - Editions Jouvence

LA MAGIE DU RANGEMENT - Marie Kondo - Editions First

LA VIE SECRÈTE DES ARBRES -Peter Wohlleben – Editions les Arènes.

LE DICTIONNAIRE DE MA VIE – Patrice Leconte – Editions Kero.

 - Editions Ariane.

LE PRINCIPE DE LOLA – René Egli – Editions J'ai Lu

LES PETITS RIENS POUR CHANGER SA VIE Aurore Hamlet - Editions LEDUC

LES 4 SAISONS DE LA BONNE HUMEUR– Pr. Michel Lejoyeux - Editions J.C. Lattès
MA VIE EN MIEUX – Gretchen Rubin– Editions Flammarion.
MÉDECINES D'AILLEURS - Bernard Fontanille – Editions de La Martinière
NE CRAINS PAS QUE TA VIE FINISSE UN JOUR… Laurence Luyé Tanet – Editions Dunod.
OSEZ REUSSIR - Laurence Dweck Carol. Editions Mardaga
PSYCHOLOGIE MAGAZINE
SOYEZ VOUS MËME TOUS LES AUTRES SONT DEJA PRIS Gilles Azzopardi – Editions J'Ai Lu
SUR LES CHEMINS NOIRS – Sylvain Tesson Editions De La Loupe
UN MERVEILLEUX MALHEUR – Boris Cyrulnik –
Editions Odile Jacob
UNE TRES LEGERE OSCILLATION – Sylvain Tesson Editions De La Loupe
VIVRE AU POSITIF – Marie France Muller – Editions Jouvence
WAKE UP – Christine Lewicki – Editions Pocket

****

JUST TO SAY:

Olivier, Arnaud. Catherine, Michel, Véronique, Jean Philippe, Anne, Stéphanie, Jean Alain, Maman, Dad, Maximilien, Simone, Gaston, Adolphine, Henri, Berthe, Florence, Hermine, Patrick, Denis, Françoise, Mimi, Claire, Jean Marie, Pierre, Julie, Mathias, Gabin, Marceau, Clémentine, Fernando, Pablo, Louise, Kévin, Rodolphe, Enguerran, Marie, Adélaïde, Tancrède, Antoine, Manon, , Joséphine, Jasmine, Charlotte, Mathilde, Lucille. Séverine, Gabriel, Noé, Esther, Frédéric, Mathieu, Caroline, Antoine, Nicole, Patrice, Lisa, Léopoldine, Françoise, Caroline, Juliette, Jane, Caroline, Jean Noël, Christine, Capucine, Emilie, Nabil, Oscar, Corentin, Charlotte, Alix, Marin, Valentine, Janyne, Grégory, Valérie, Gabrielle, Marie, Vincent, Marine, Paul, Robin, Alix, Éric, Catherine, Pascal, Vincent, Lara, Emmanuelle, Caroline, Arthur, Agathe, Charlotte, Vincent, Louise, Manon, Fabienne, Christian, Julie, Gonzague, Sophie, Clément, Capucine, Martine, Guillaume, Gwenaëlle, Nicolas, Martin, Julie, Chantal, Géraldine, Éléonore, Caroline, Edouard, Elodie, Bernadette, Bernard, Danièle, Roger, Michèle, Jacques, Jean Gabriel, Jean Paul, Marie Claude, Jean Louis, Alexandra, Olivier, Julien, Elisa, Philippe, Marianne, Jean Paul, Ramila, Isabelle, Laurent, Claire, Quentin, Chantal, Bernard, Corinne, Margareth, Alain, Jeannot, Thérèse, Marie, Nathalie, Michel, Chloé, Marine, Régina, Pascal, Bernard, Yves… et Vous

MERCI !

POST PROPOS

Je voulais écrire ce livre : voilà c'est fait !!

En cours d'écriture : :
    DETRICOTEZ VOS DEFAUTS
    LA VIE EST BELLE.
    LE HERON A LA COQUE